昆蟲知己李淳陽

莊展鵬／著

目錄

〈序〉實在的昆蟲・實在的人

小野（作家）

二十一世紀初的台灣有許多新生事物正發生著，可是經過了過度的包裝和誇飾後，總給人不太「實在」的印象，彷彿霧裡看花越看越眼花。不過人們依然渴望著一個嶄新的世代來臨，於是整個時代更加速的向前衝刺不曾止歇。就像我自己如果參與一些和藝文影視相關的評審工作時，也很迫切的想讓更年輕的人冒出頭來，彷佛新的時代總是要藉著長江後浪向前推進才得以煥然一新。在某一次例行的藝文作品補助計劃審查會議中，雖然新人輩出，但是最高分的卻是一位八十多歲的昆蟲學者，在場的所有評審委員全部給了他第一名，使得他毫無異議的拔得頭籌。

他就是李淳陽。一個不屈不撓的科學家，一個拍攝台灣昆蟲生態影片的先驅。他個人的故事深深震撼著我們，使我們重新反省著，在這樣加速度向前的時代中，我們遺漏些什麼嗎？我們失去了什麼嗎？也就是這樣輕忽的遺漏使我們失去了許多該有的歷史感覺，未來變得很不「實在」。

就像李淳陽，他該得到的豈止是那微薄的補助而已？他真正該得到的是來自社會的敬重。可是現在知道他是誰的，又有幾人？

於是就有了這樣一本寫了好多年的書。

傳記中的主人不是知名的影歌星或當紅的政治人物，他是一個具有和我們身邊許多經歷過日本殖民和二次世界大戰的父執輩一樣生活經驗的人。比較幸運的是，這個經歷浩劫存活下來的人還做了一件事，他研究，並且拍攝台灣的昆蟲，成了國際知名的昆蟲專家。

歷史學家曾經說過，有些人和有些事總是要在至少半個世紀之後才能彰顯出它原本該有的意義來。同樣的，曾經在那個時代轟轟烈烈的人或事物，當歲月無情的沖刷過後才發現，那不過只是像泡沫般無足輕重。

我想李淳陽先生傳記的出版，便是要在二十一世紀初的台灣彰顯出特別的意義來，讓我們繼續向前邁進的腳步更「實在」。

曾經在日本殖民時代很疑惑自己到底是「台灣人」或「日本人」的李淳陽，最後給自己的答案是做一個「實在的人」，這樣的覺醒看似簡單，可是放在半個世紀之後的台灣，卻更像暮鼓晨鐘般提醒著每一個人。在眾聲喧嘩，一切形式表象遮掩了事物核心和本質的新世紀新時代中，老台灣人引以為傲的「實在」就成了看似簡單卻更難達到的境界了。

「實在」要怎麼來描述和形容呢？那就借用李淳陽畢生研究的昆蟲做為隱喻吧。

昆蟲為了生存覓食和繁衍後代，把自己的口器和足直接演化成很「實在」的工具，蟬的口器像吸管，蜜蜂的口器很像利剪，蒼蠅的口器像海綿，各有不同的覓食方式。螳螂的前足像鐮刀，糞金龜的前足是抹鏟和鋸子兩用的傢伙，螻蛄的前足像推土機。藉著這些巧奪天工的實用工具，象鼻蟲會用一片葉子做成的一個複雜搖籃，然後產下一粒卵放在搖籃的中央。同樣的，以捲葉蟲為幼蟲食物的狩獵蜂不但會用心理戰逮到對手，還會很準確的為對方注射麻醉劑，然後保留住新鮮的食物留給育嬰室內的後代慢慢享用，育嬰室的完成更是從喝水、咬小土塊、混成泥丸，飛到竹管內做隔間。昆蟲為了讓自己在地球上永不消失，面對天敵和人類有計劃的撲滅，牠們不斷發展出各種很實在的武器和掩體，讓牠們在惡劣的生存環境中過關斬將。

昆蟲給人類的啟示，除了讓人類不停發展出各種工具求生存之外，更重要的是精神層面的，那就是昆蟲可以用自己的身體昭告世人牠們求活的決心，而我們的決心呢？

我們在李淳陽先生的人生故事中竟然見到了這樣罕見的，像昆蟲求活般的決心和意志的，一種實事求是、追根究柢、毫不妥協的人生態度。他在農試所防治水稻害蟲、研究農藥「安特靈」對大豆潛蠅的滲透移行作用所採用的生物測定法，在沒有依賴任何化學分析和儀器的情況下，自己設計了一套巧妙又簡單的實驗方法一步一步徹底往下做。這種方法看起來很笨，可是由於是獨創而巧妙，所以不容易被淘汰。後來他也將這種態度和方法用在昆蟲的拍攝上，同樣的在資源匱乏、環境惡劣的條件下，他處處都用巧思和創意，用土法煉鋼的方式克服了重重障礙，甚至自己動手改造攝影工具，完成了在當時不可能的任務。

也因為他這樣實在的工作態度，一絲不苟的進行著每一個步驟，把情感完全投入在觀察和拍攝昆蟲中，才使得他有了更進一步想知道昆蟲的行為除了用「本能」來解釋之外，還有沒有像心靈或思想這些超乎「本能」的，或和「本能」相互結合的東西？

當我們的時代已經從農業飛躍到資訊爆炸的新紀元，所有的工作都透過電腦變成易如反掌。就像我們去拍完一段廣告影片之後回到後製工作時輕而易舉的把灰色天空調成蔚藍，把臉上有坑洞的人調成膚色水嫩光滑的大美人，那一刻，我們漸漸失去了成就感，發現自己失去了一些能力，所有的事情變得「不實在」，因為我們已經失去了一種從挫敗中摸索向前的勇氣和可能的新發現了。

或許，這就是本書作者莊展鵬先生花了很長的時間從訪談、搜集到動手想要完成這本書的原因吧。莊展鵬先生曾經負責遠流出版公司的台灣館，長期編輯關於台灣本土文化的書籍，其中有一套台灣深度旅遊手冊幾乎成了台灣人重新認識自己的文化的啟蒙書。他默默耕耘埋頭苦幹的精神，其實是和李淳陽先生的研究精神相似的，他們都是很「實在」的人。

我從事過電影工作，知道拍攝影片的艱辛和焦慮，更年輕的時候我也曾經想當昆蟲專家，在實驗室裡飼養昆蟲餵食不同的中藥做著昆蟲大夢。所以當我一字不漏的讀著這本書時只有一種感覺：李淳陽是幸福的，因為他的人生一直在完成自己的夢想，他的熱情找到了出處。可是做為李淳陽的家人卻是辛苦的，因為他們要陪伴著一個在別人眼中必定是一個已經接近瘋狂了的天才。

在二十一世紀初，當一切事物都變得那麼不實在的台灣，讓我們重溫這個舊夢：一個很實在的作者寫的一個很實在的人所做的關於很實在的昆蟲的研究的故事。

因此，我也寫了一篇很實在的序。

〈專文推薦〉能克服惡劣環境的真正科學家

洪蘭（認知心理學家）

一個學生氣急敗壞的來找我說：「實驗的儀器壞了，如果送回德國原廠去修，最少要三個月，會來不及畢業，怎麼辦？」我看了一下後說：「你是電機系畢業的，應該可以自己修修看。」他猶疑不敢答應，我從書架上取下《昆蟲知己李淳陽》跟他說：「放你半天假，去把這本書看完再來找我。」第二天一早進研究室，發現這個學生已經在弄儀器了。他靦腆的說：「老師，對不起，我昨天應該先修修看，不行才來找您。」到了下午，他雀躍的進來報告，儀器會動了。

李淳陽這本傳記是我所知道最有效的激勵學生方式，也是我認為每一個學生應該讀的。一個科學家不是等別人把一切弄好，然後他再去做實驗；真正的科學家是在沒有儀器、沒有經費、最惡劣的情境下，還能用他的大腦與毅力把實驗做出來，把問題解決掉。

台灣早期水稻最主要的蟲害是青椿象，過去研究都是把青椿象捉來放在玻璃皿中，摘稻葉給牠吃，但是牠不能在實驗室中存活，所以無法做長期的觀察研究。李淳陽發現青椿象是用口器去吸吮葉汁，如果葉子本身沒有壓力便吸吮不出來，稻葉被摘下後，液壓減少（缺乏來自根部的壓力），即使把稻葉插在水瓶中，壓力仍不足，青椿象吸不到汁液便餓死。知道了原因後，他便將稻子種在花盆中，一直保持活的狀態，青椿象便能順利進食、再不會餓死了。一旦能在實驗室中觀察牠的習性，便可找出防治牠的方法，挽救了台灣的稻作。所以科學家先要有好的觀察力。

科學家另一個必備的能力是靈活的頭腦。在民國四十年代，大家並不知道農藥有滲透性，以為只要沖洗乾淨就可以安心吃。李淳陽在大豆的芽心滴上一滴農藥，過二個小時後剪去芽心，等它再發出新芽後，剪去一枝，只留下另一枝，讓大豆的害蟲潛莖蠅在上面產卵，幼蟲孵出來後會鑽入豆莖內吸食養分，這時，他將豆莖剪開，發現無論是上、中、下段的每一隻潛蠅幼蟲都死了，表示在滴完農藥兩個小時之內，農藥就已進入大豆組織內且到新長出的豆莖內，使得幼蟲不論鑽到什麼位置，只要一吃就死亡。在二次世界大戰後，飯都吃不飽更遑論買儀器的惡劣環境下，李淳陽用他的大腦勝過了有先進儀器的美國，使得美國因而禁售這種農藥。

現在的孩子比較習慣依賴別人，很少自己動腦筋去想解決的方法，其實儀器不是萬能，萬能的是人腦，儀器的發明使做實驗方便，但會做實驗不代表是科學家，真正的科學家是像李淳陽這種在沒有儀器、不能做化學分析的情況下，用生物測定的方式也完成了任務。他是我心目中一等一的科學家，也是最好的本土榜樣。

他們眼中的杉浦康平

人人都可以成為法布爾

（昆蟲學者・林業試驗所研究員）

民國六十六年，我在美國讀書時，從《史密森尼》（Smithsonian）雜誌上讀到對於李淳陽的報導，大吃一驚。這刊物是全世界最有聲望的自然雜誌之一，會被它用大篇幅介紹的人，當然不同凡響！可是，在這之前，我從沒聽過Sung-Yang Lee這個名字。他到底是誰？我雖然研究昆蟲，竟然不知道我們台灣有這樣的昆蟲研究前輩！

回台灣後，我閱讀李淳陽的《昆蟲世界奇觀》，仔細端詳書中的昆蟲圖片，不由得更是佩服了。我認為那本書很可能就是台灣最早的昆蟲行為研究著作。從他對於蜂的長期觀察與實驗來說，他或許可以稱得上是第一位「台灣法布爾」；當然，以整體成就、貢獻、著作豐富程度以及影響力來看，法布爾都是無人能及的。

我倒是希望，「台灣法布爾」這稱號，能成為一種鼓勵性的象徵意義——並不是指「一個人」，而是「每一個人」。任何人只要覺得生命是很迷人的，願意像李淳陽那樣花時間、心力去觀察昆蟲，在自然的情境下，做些研究、記錄，甚至實驗，那麼，他也有可能成為「台灣法布爾」了。而這也是人人都可能做得到的。

高聳的里程碑

徐仁修（自然作家・攝影家・荒野保護協會發起人）

我年輕時最大的夢想，就是想拍攝自然觀察影片。當我第一次看到李淳陽的昆蟲影片時，非常佩服與感動，我一面看一面想——原來我的夢想已經有人做到了，而且又做得這麼好！

李淳陽是台灣第一個把昆蟲拍得這樣生動、迷人、有趣的攝影家，任何人只要看過他的作品，我相信一定會對於身邊的昆蟲改變原來的觀感。從這角度來看，他的作品的巨大影響力，可說是再多學術論文都比不上的。

以台灣的昆蟲影片來說，李淳陽不但是先驅，而且豎立起一座高大的里程碑。他的影片的特色，就是「深入而生動」，也就是科學與藝術的巧妙結合。在他之後的生態攝影工作者，幾乎人人都受到他的啟示與影響，他確實是個典範！

第一位「台灣法布爾」

（自然作家・攝影家）

民國七十四年，我偶然看到「李淳陽的昆蟲世界」錄影帶，就對他非常崇拜。我在大學時專攻攝影，沒想到李淳陽能拍出這麼高水準的作品，使我感覺他就是我的偶像。等到我讀了《昆蟲世界奇觀》後，更是佩服。那本書在生態知識上的豐富度，文字描述與攝影作品的緊密結合，都達到極高的水準，就算是在今天，仍然是頂尖的著作。對我來說，它有如「聖經」一般，我不但從頭到尾都熟讀，現在隨時還都會翻閱參考。

我學習李淳陽的研究方式，投入長久的時間和大量的感情，跟昆蟲互動。這給了我非常大的樂趣和收穫。就台灣的昆蟲生態觀察、研究來說，李淳陽可稱得上是第一位「台灣法布爾」，絕對是當之無愧的！我們今天所稱的「法布爾」這名字，它代表著——對於昆蟲長期的觀察、實驗，跟昆蟲密切的互動，加上完整而詳細的記錄、呈現，以及經驗的傳承。因此，我們會這樣來稱呼李淳陽，是想以他作為典範，期望還會繼續出現第二位、第三位、第四位……無數位「台灣法布爾」。

李淳陽精神

（資深紀錄片製作人）

李淳陽的影片非常耐看，可說是經典的傑作。他不但在當時是一人「孤峰突起」，也可說是超時代的「奇蹟」。一直到今天，我認為他的作品仍然是好到使我們後輩都難以望其項背的地步。從文化資產的角度來看，這些影片都是非常寶貴的台灣生態紀錄，應該善加保存，再進一步整理、發表。

尤其珍貴的是，李淳陽在作品中展現出來的「堅持完美、每個環節都不放過」的處理方式，正是標準的「李淳陽精神」！現在拍製影片的資源、條件比以前好太多了，反而很少人願意像他那樣下苦功，做一些真正有價值的事。在今天的影視界，這種「李淳陽精神」是特別值得宣揚的。

楔子

BBC的熱情禮讚

對於「六腳族」來說，在「兩腳族」之中最狂熱的伙伴，就是昆蟲學家了。像台灣這樣的地方，真是昆蟲學家的天堂……

「我們常會說：我們是這個星球的主人。但是，千萬可別忘了，還有其他的主人——昆蟲們……」

影片一開始，在這樣意味深長的開場白中，各種昆蟲紛紛登場了——

全身翠綠的螳螂張牙舞爪，把自己好好清潔一番，準備要大開殺戒。夜蛾的幼蟲挺直身軀，擺出警戒和恐嚇的姿態，來對抗強敵。一隻小紅甲蟲匆匆忙忙的從樹枝上走過去，黃毒蛾的幼蟲則湊近花蕊，暢快的吃起來。這時，一隻蜂忽地飛過來，輕巧的停降在花朵上。……

在英國的電視螢光幕上，這些來自遙遠東方——台灣的眾多昆蟲們，正忙著覓食、捕獵、自衛、求偶、成長……各自施展獨特的求生功夫，和牠們生命中的每一天一樣。

而無數的英國觀眾，也聚精會神的緊緊盯著螢光幕，在他們眼前展開來的，正是一場將會使他們難以忘懷的昆蟲世界之旅。

這是西元一九七六（民國六十五）年一月十一日，聞名全球的「英國廣播公司」

（BBC），選定週日晚間的黃金時段，開始播映這部極為奇特的電視專輯：「李博士的昆蟲世界」（The Insect World of Dr. Lee）。

長達五十多分鐘的影片，是他們特地派出製作小組，專程遠赴台灣，密集工作了十六天，然後又經過數月的精心編輯、剪接、配音……之後的成果。竟然會為這位毫無知名度的業餘攝影者「李博士」，如此的大費周章，攝製一部個人專輯，這對「英國廣播公司」而言，可說是極其罕見的大手筆哩。

「昆蟲有幾百萬種，幾乎任何地方都能生存……不過，在這樣的地方會繁衍得最為豐富——」旁白娓娓道來，畫面中則陸續出現了阿里山、日月潭的美麗迷人風光：「溫熱、潮濕、植物遍佈的地方，對昆蟲多樣的生活型態來說，真是充滿了機會……其中之一，就是台灣島。」

接著，有個人現身了。只見他穿過荷花田，停下來，仔細的觀察田裡的昆蟲。

「對於『六腳族』來說，在『兩腳族』之中最狂熱的伙伴，就是昆蟲學家了。像台灣這樣的地方，真是昆蟲學家的天堂。」旁白繼續說：「這部影片，可以說就是一種禮讚，獻給這個人和他的昆蟲世界——李淳陽博士是專業的昆蟲學家，但他也拍攝影片；而主角沒有別的，只有昆蟲。這是他的嗜好，他的生活，也是他的摯愛。」

接著，一幕幕無比精采的畫面就一一展現出來了……

李淳陽博士是誰？他所拍攝的昆蟲影片，他所揭露的昆蟲世界，究竟有什麼樣的奇特魅力呢？

像「英國廣播公司」這種全世界極富聲望的大眾傳播機構，為何會不惜興師動眾的，特地前往台灣為他製作個人專輯？而且，竟然還會以如此尊崇、讚揚的態度，把這部影片敬獻給他？

李淳陽，這個總是以炯炯有神而又無比慈愛的眼光，凝視著昆蟲的奇人，到底是何方神聖呢？

第一章　這孩子太頑皮了！

李淳陽的個性特別喜歡動腦筋、冒險，嘗試各種新花樣，比一般小孩更加頑皮，難免就常會出意外……

土地經營家

李淳陽是在民國十一年出生於嘉義的南靖，這時候的台灣，正被日本政府殖民統治著。

南靖是嘉南平原上的一個小村落，離嘉義市區大約九公里；隔著八掌溪的對岸，就是台南縣了。

李淳陽出生時，南靖跟嘉南平原的許多地區一樣，由於缺乏水圳灌溉，大都是「看天田」——平常乾旱缺水，土地貧瘠，無法種植水稻，只能種些蕃薯、花生、大豆等雜糧作物；一旦遇到颱風、豪雨，八掌溪即時常氾濫成災。所以雖然有縱貫鐵路和公路經過，但也沒多少人家，景色很是荒涼。

這樣的地方，一定不容易生活，為什麼李淳陽的爸爸李己偏偏會選擇這裡安家落戶呢？

原來，日本政府在南靖開設了糖廠，大量種植甘蔗來製糖。李己想：「在那裡應該比較有發展的機會吧，我要去試試看。」

李己雖沒受過什麼教育，可是腦筋倒是動得蠻快的。他在南靖先是從小生意做起，賣水果、日常用品給糖廠的工作人員。慢慢的混熟了，探聽到糖廠常常會進行各種工程，需要大量的工人；於是他就去包下工程，主動到各地農村招募工人，自己當起工頭來。

就這樣，一件件工程包攬下來，就在南靖紮穩了根基。他既勤快又省吃儉用，逐漸的能夠存錢，便開始著手進行一項出人意料的大事業。

「真奇怪，李己這個人是不是腦袋有問題啊？他買那些沒用的荒地做什麼呢？」附近的人們都百思不解。

李己每次一賺到錢，就全都拿去購地。由於這些荒地都是缺水灌溉、又常會鬧水災，根本乏人問津，價錢非常低廉。他不管別人的閒言閒語，越買越多。

其實他是有先見之明的。首先，他專買小溪溝兩旁的地；買多了後，就在溪溝上建起小水閘，把潺潺水流聚合起來，成為小水庫，正好可以來灌溉兩岸田地，這樣就解決缺水的困境了。

再進一步，他要擴大田地面積。於是到處去探聽他的田地旁邊每一塊地是誰所擁有，然後不辭辛苦的，先去那人住家附近買了一塊好地，再上門去談判。

「我們來互相交換土地吧，你看，我換給你的這塊新地，離你家很近，要耕作很方便，土質又好，比你原來那塊地會收穫更多。」李己向對方這樣分析。

這確實是會讓任何人都覺得很有利的交換條件，當然誰都肯答應囉。

「李己這個人一定是發瘋了，怎麼會做這種賠本、吃虧的生意呢？」大家又是議論紛紛。

這正是他厲害的地方：用好地去換次等的地，看起來是他損失，可是這樣卻可以使得他自己的田地全都接連在一起，不但管理上很方便，而且可以整體來設想農作物的種植和灌溉系統等措施，其實是非常高明的做法。

等到幾年後，「嘉南大圳」一完成，附近的人才恍然大悟李己的遠見，不得不衷心佩服——這項台灣規模最大的農田水利設施，解決了嘉南平原灌溉、排水、防洪等等大問題；而李家的大片土地正因為有這大圳經過，佔有地利之便，不但有充沛的水源可以灌溉，堅固的堤防也可避免淹水。

不僅如此，這些溪埔地過去屢屢被大水淹過後，留下黏度較高的沖積土，一層層沈積下來，都是極為肥沃的土壤；加上李己又勤快的使用魚粉、豆餅來施肥，積極進行土質改良。結果，這些原先乏人問津的荒地搖身一變，成為炙手可熱的良田。別人一甲田地大約可收穫四千斤稻穀，而李家卻可收穫一萬斤以上！

就這樣，經過李己長年的苦心經營，李家的田地不斷擴大，最多時曾達到八十多甲。一甲地差不多等於現今一個足球場大，可以想像李家土地有多麼壯觀！而李家，也因此成為當地最大的地主了。

蜜蜂爸爸・牛媽媽

李己整天為了田地在忙，天還沒亮，就出門去巡視田地，察看水閘、水庫。連晚上也常要出門，忙著找代書處理土地簽約的事。在李淳陽的童年印象中，爸爸就像是蜜蜂一樣忙碌、勤快、認真，他的一生簡直就是「打拼」這兩個字的化身。

李爸爸特別具有正義感，如果發現什麼無理、欺壓的情形，絕不肯罷休，立刻會找律師上法院去打官司。在李淳陽眼中，爸爸的這種個性，也真像蜜蜂一樣，遇到危敵就會伸出螫針反擊。

幼年時的李淳陽，每次聽說爸爸又去嘉義法院時，不免會為爸爸擔心，害怕一旦官司打敗，就回不了家了。所以他雖跟同伴在玩，卻不時的會跑到大廳去看時鐘，緊張的留意著火車經過的時刻。還好，他所擔憂的狀況並未發生過。

李淳陽長大後，也同樣是出名的勤奮和正義感，想來這都是自小受到爸爸潛移默化的影響罷。

李家田地廣大，雇用的佃農有幾百人，每次發工錢時都是一件大事。李爸爸自己撥算盤來計算工錢，由於性子急，常常會算不清楚。這時，李媽媽謝纏總是站在他後面看，一邊暗暗的心算著。

李爸爸打過一遍又一遍，結果都不一樣。他急起來，把算盤打得噼噼啪啪更響，卻還是算不清楚。

「頭家，第二次算的才對啦！」李媽媽開口了。她習慣跟佃農一樣的稱呼他為頭家。

李爸爸不服氣，心想：「我用算盤還會算不過你用眼睛看嗎？」他再重算一遍，卻不得不承認李媽媽是對的。

李媽媽的頭腦的確比較高明。她整天忙著照顧全家，做事非常積極，又特別有毅力，只要是她決定要做的事，一定會堅持做到。例如學日語，在鄉間沒有老師可以學習，她卻自己摸索，認真的把握每個機會開口，勤加練習，竟然也就能跟日本人對話了。李媽媽堅忍、有耐力的個性，簡直像耕牛一般，對李淳陽也有深刻的影響。

李淳陽有兩個姊姊、一個哥哥，一個妹妹。由於是么兒，李媽媽特別寵他，就像心肝寶貝一樣疼愛。

小小冒險家

家境很不錯的李淳陽，童年可說是過得無憂無慮，成天帶著伙伴們四處玩耍。他的零用錢最多，出手又大方，當然就被擁立為孩子王。他特別喜歡動腦筋、冒險，嘗試各種新花樣，比一般小孩更加頑皮，難免就常會出意外。

他家門前就是縱貫公路，又寬闊又平整，成為孩子們的樂園。有一次，李淳陽玩得太瘋，沒注意有輛腳踏車快速衝過來，一不小心就被撞上了——手剎車的長鐵條直直刺穿他的右上唇，在唇邊永遠留下一個明顯疤痕。如果當時角度稍偏一點，後果就不堪設想了。

另外一次更驚險。李淳陽一向喜歡站在兩輪的「輕便車」上玩。可能是他搖晃得太過激烈，車子突然翻倒，車板猛然撞上他的額頭，李淳陽就昏過去了。送回家後，一直昏迷到半夜才悠然醒轉。這次真把李媽媽嚇壞了。

李淳陽也很喜歡把空木箱裝上輕便車的輪子，他坐在上面，像開汽車一樣，吆喝著孩子們推動前進。有一次，一直推到了街尾的陰暗橋頭，四顧無人，突然聽到野狗狂吠聲，同伴們嚇得四散奔逃。李淳陽也急著跳車，不小心摔倒，造成左手小指骨折。他怕會被爸媽責罰，就忍著痛不敢說，因此小指就一直都是彎彎的。

一再的惹出大大小小的麻煩，爸媽也覺得頭痛。爸爸說：「還是提早送他進學校去吧！」

「可是他才六歲，還沒足歲啊！」媽媽比較心軟，捨不得這個心肝寶貝。

「那就先去『寄讀』好了，交給老師好好管教管教。」

也許李爸爸有他的道理。他常去糖廠接洽工作，也要處理土地買賣的法律問題，還必須要懂得設計、修理灌溉水閘的工程等等，這些都需要專業的知識，而他自己識字不多，常引以為憾，所以當然會特別重視孩子的教育。

李爸爸說完，事情就這樣決定了。

第二章 監獄・相機・謊言

愛迪生的傳記中有一句話：「我發明，不是為了要賺大錢，而是要使人們的生活更方便、更豐富。」這句曾令李淳陽感動的話，這時又浮現出來，溫暖他、振奮他……

好像要進監獄一樣

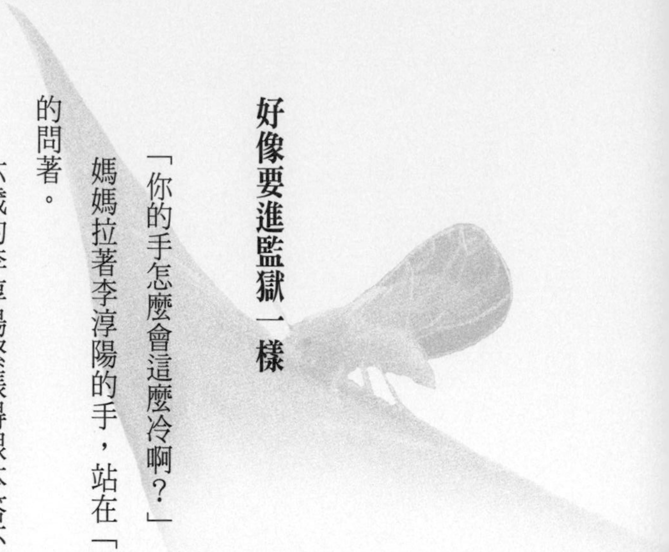

「你的手怎麼會這麼冷啊？」

媽媽拉著李淳陽的手，站在「水上公學校」（今天的水上國小）大門前，很驚訝的問著。

六歲的李淳陽緊張得根本答不出話來。這是他第一天去「寄讀」，覺得很害怕，全身都在冒冷汗。他想：「這個地方好像是要關犯人的監獄，老師看起來像是比警察還兇，真可怕……」

李淳陽一向受寵，在家中就像是個小霸王一樣，難怪會這麼擔心。其實，這寄讀的一年並不像猜想的那樣恐怖，但是當時那種「害怕會失去自由」的感覺，他終生都清楚記得。

一年的寄讀結束，終於成為「正式生」了，可是他還是必須再讀一年級。課本都是一樣的，他跟著全班新同學一起，像鸚鵡一樣的一遍遍唸著。他覺得很不耐煩，於是就根本不想聽課，常常自顧自在課本上亂畫圖。這個習慣，一直到上了中學仍改不過來。

勉強捱過了第二次的一年級，爸爸突然對他說：「你還是轉學，去讀日本人的小學比較好。」

在日本統治時期，台灣的小學分成兩種：一種是給台灣人讀的「公學校」，另一種是「小學校」，只有日本人才能入學，但也准許少數經過特別優待的台灣人。

「我希望你和哥哥將來都能當醫師，要是現在不讀日本人的學校，程度會差很多，連中學都考不上。」爸爸這麼說。

靠著李爸爸在當地的聲望地位，李淳陽總算被允許進入「南靖尋常高等小學校」（今天的南靖國小）就讀。可是依照學校規定，他必須再從一年級讀起。

「什麼！」李淳陽不服氣的抗議：「已經是第三次了啊！」

沒辦法。李淳陽只好在課本上亂塗亂畫來排遣時間。他特別喜歡畫軍艦，各式各樣的大軍艦乘風破浪前進，他覺得很有氣勢，一直畫個不休。這時的日本由野心勃勃的軍閥掌權，正一步步籌劃著侵略中國，在教育上也跟著強調「軍國主義」的思想。李淳陽會那麼愛畫軍艦，可能就是受到這種教育的影響罷。

當時日本的昭和天皇連續生了三個女兒，很多忠心的日本人一直很擔憂，害怕皇家傳承會因此而斷絕了。

有一天朝會時，校長在司令台上對著全校師生，拉長聲音說：「昨天，一位～皇～太～子～誕～生～於～皇～室～家～庭！」

校長一邊用力大聲說著，然後，眨眨眼睛，就流出眼淚來了。

「真奇怪！怎麼會有大人為這樣的事就激動得掉淚呢？」李淳陽很吃驚。

不久，有一次導師請假，由校長來代課。他談起皇室，特別強調說：「我們日本皇室是『萬世一系』喔，也就是說，千百年來一代代都沒有中斷過哩！很了不起吧！」

李淳陽一聽，覺得怪怪的：「在那麼多代中，應該也有沒生小孩的，或只生女孩的才對啊，怎麼可能從來沒斷過呢？」

他忍不住就舉手發問：「校長，那是真的嗎？」

校長臉色突然大變，緊閉著嘴，露出很生氣的神情，可是卻答不出話來。過一陣子，校長訕訕然繼續講課。從此，李淳陽就被他記上一筆了。

像這樣，李淳陽從小就愛質疑、發問，對於他不懂的、不以為然的事絕不輕易放過。這種習慣終生一直保持著。

最快樂的事

這時的台灣，照相機非常稀有而昂貴，一般人想要拍照片的話，必須去照相館，請職業的照相師用巨大的相機架在三腳架上，蓋上黑布來拍。

李淳陽九歲生日時，爸爸送他一套簡易的照相器材，除了箱形的相機、底片外，還附有沖洗的藥水。這個禮物相當昂貴，花了李爸爸大約四元——這時李淳陽只要有一分錢，就可以請他的同伴們吃冰吃個痛快了。

他對照相一直很感興趣，迫不及待的就來試拍。外面正下著雨，他要妹妹撐傘站在庭院裡當模特兒。李淳陽舉起這嶄新的相機，仔細的對準後，按下快門。然後馬上到廚房找個陰暗的角落，用一個碗裝紅色的顯影藥水，另一個碗裝綠色的定影藥水，洗出了生平第一張攝影作品——只見黑黑的傘和一團人影輪廓，根本看不清楚。

「咦？怎麼會模模糊糊的？根本是騙人的玩具嘛！」他懊惱的叫出來。

第一張作品完全失敗。多年後他回想起來：可能是跟這相機、底片的性能不佳有關，加上雨天的光線本來比較不足，而他又是從屋內往外逆光而拍，失敗的可能性當然很大。

他雖然很失望，可是對於拍照的興趣卻沒有因此而消失。照相會強烈的吸引他，原因之一是在整個過程中，需要把機器調來調去，而沖洗照片時也要自己動手，每個步驟都按部就班的進行。這一點，最能使他定下心來，樂此不疲。對他來說，學校的功課實在很無趣，輕易就能保持第一名，他感到最快樂的，還是在「動手做」的時候。

五年級時，李爸爸決定要建新房子。每天晚上總見他在畫設計圖，不斷的修改，畫了無數張圖，總是不滿意。

「到底什麼時候才要開始建啊？」李媽媽不斷的催促著，也常挑剔設計圖不恰當，但李爸爸卻也不聽。

李淳陽受到爸爸的影響，上課上煩了時，也來學畫設計圖，想像新家的模樣，這樣總算在教室裡比較好打發時間。

新家興建過程中，有一個舅公來幫忙，他是木匠，人很和善又有耐心。李淳陽就趁這機會，常常鑽在工地裡，撿拾鋸剩的木塊來釘成各種器具。工地有許多工具，舅公一用完鋸子，他跟著拿過來鋸；舅公一用完鐵錘，他也就拿來捶……。

爸爸見了，嫌他會礙手礙腳，就罵他、趕他走，可是舅公卻勸說：「孩子嘛，就是要這樣動手做東西才好。」

有了舅公的支持，爸爸不再管他，李淳陽正好如魚得水，每天一放學，在工地裡忙得不亦樂乎。

新家終於落成，建成兩層樓，而且還特別用鐵軌來取代鋼筋，讓這棟建築能更堅固。在這時的整個南靖，這還是第一棟兩層樓的房子呢。大家都覺得很稀奇，紛紛前來參觀。

完全依照李爸爸的設計：樓上有十二間房間，每間都一模一樣，也都很大。原來他的目的，就是希望兄弟倆都能當醫師，樓上就是做為未來醫院中的病房，樓下則設計成診療室和候診室，後面才是住家用的廚房、廁所等。

等全家搬進去住後，發現果真被媽媽料中：這種預設為醫院的設計，對住家來說實在太不方便了——李淳陽的同學來玩，都忍不住會開玩笑說：「你家真是有夠大，要吃飯時，從樓上走下來，要走好幾個鐘頭才能走到廚房哩。」

謊言的世界

在日本的殖民統治之下，台灣人被當成二等國民看待，無論是政治、社會、經濟各方面，都受到不平等的對待。這時的李淳陽，對此倒是還沒有什麼強烈的感受，因為年紀還小，成績也都是保持第一名，加上爸爸在地方上的財力、地位，使他不至於會遭受明顯的歧視。

不過，他也有過難忘的經驗。五年級時，他曾受到一個六年級台灣同學欺侮，於是就向校長投訴。沒想到校長聽完，卻露出一副不以為然的神情，很冷漠的只說了一句：「你們兩個同樣都是台灣人嘛！」就這樣打發掉他，並沒有進一步的處理行動。

李淳陽很驚訝，從校長的語氣中，他聽出來有一種「不屑、看不起」的意思，像是在嘲笑著：「你們台灣人同樣都是二等國民嘛，應該要識相一點才對，有什麼好互相爭的呢？」

這件事給他的印象非常深刻，使他不停的思考著：「我們和日本人不是同樣都是人嗎？為什麼會受到不一樣的對待呢？」

從這時起，他才開始察覺生活中也有各種不平等的情況，這些事會讓他感到迷惑，常常思索著。

要畢業時，李淳陽的學業總成績是全班第一名，沒想到，校長卻故意把他的操行成績打低，使總分落在一位日本同學之後，降為第二名。

李淳陽感到很不可思議，更是不服氣。同學們也都很意外，紛紛為他打抱不平。如果其他事情被「差別對待」，他可能會覺得無可奈何，也就算了。可是成績名次不一樣，應該是要憑自己的本事、實力去獲得的，怎麼可以用這種不光榮的手段，硬是不讓台灣人獨占鰲頭呢？

「日本人一直強調台灣人要努力成為日本國民，可是為什麼在背後卻做出這種不公平、不正義的事？」他很生氣。又回想起每年放暑假時，日本學生都快樂的說要回「內地」；可是台灣人沒有內地可回，這樣說來，無論如何也不可能成為日本人了？

「既然要做日本人是根本不可能的，可是做台灣人又被歧視，那麼，我該做一個什麼樣的人呢？」

李淳陽想起愛迪生的傳記中有一句話：「我發明，不是為了要賺大錢，而是要使人們的生活更方便、更豐富。」這句曾令他感動的話，這時又浮現出來，溫暖他、振奮他。

「對！做日本人或台灣人都不要緊，要做『實在的人』才是最重要的。不要對人要詭計，要成為一個真正能對人們有益的人。」

他思考再三，終於得到了這個結論，並且對自己這樣盟誓。

可是，到底要怎樣才能做個「實在的人」呢？十四歲的李淳陽，其實心中還是模模糊糊的。這時候的他，還沒有能力去解答。

第二章　新世界展開了！

少年李淳陽一點也沒料到，就在他翻開《昆蟲記》那一剎那，他的生命其實已經不一樣了……

野郎和老大

小學畢業後，李淳陽考上「嘉義中學」，這是當時台灣最著名的中學之一，要讀五年。嘉中的環境很好，在操場上往西望去，就是廣闊無涯的嘉南平原；向東遠眺，則是高聳連綿的中央山脈，天晴時還可見到玉山的雄偉英姿。

李淳陽入學不久，就覺得很快活，因為不但教學水準很高，大部分老師對台灣學生也一視同仁，不像小學時會有「差別對待」的情形。老師們非常認真，來自各地的同學也很優秀，所以李淳陽也跟著勤奮的學習。

在這所學校，他遇到影響終生的幾位好老師。

教英語的長久保老師，對學生特別熱情，教學也極為嚴格，如果有人達不到要求，他就會忍不住脫口罵一聲「巴格野郎！」這是日語中很兇的話。大家就給他取個綽號「野郎」。

有一次，「野郎」出的功課特別難，同學們都做不出來。當他發問時，大家都低下頭不敢回答。他很生氣，以為全班都偷懶，就要大家翻開作業簿來檢查。他從前排一個個查下來，見到沒寫完作業的，就用籐鞭打兩下手心。

查到班長的時候，「野郎」一看，驚訝的說：「連你也沒做！」眼淚立刻就掉下來。

全班都嚇住了，李淳陽更是深受感動。這「恨鐵不成鋼」的眼淚，他一輩子都忘不了。

當「野郎」這樣邊查邊處罰，走到李淳陽的位子時，卻根本沒翻看他的簿子就走過去了。可能是因為老師看他平常的傑出表現，相信他一定會做的。

的確，在所有課程中，李淳陽最感興趣的就是英文。因為他從沒見過使用這種語文的白種人，在想像中有著強烈的好奇：「他們的世界到底是怎麼樣的呢？」所以他學起英文就特別的起勁。另外，他自小寫字一直很笨拙，小學時書法課總是得乙下、丙上的；可是英文寫起來卻是一直連串著，不斷的旋轉起伏，使他覺得很容易而有趣。再加上對「野郎」的衷心佩服，所以整個中學時期，他的英文總是滿分，考最差的時候是九十九分。

由於老師的嚴格訓練，他自己又勤練不輟，英文能力越來越好。在往後生命的每個階段，英文都發揮了重要的巨大助力，使他受用不盡。

教博物的松本老師對李淳陽的影響也非常大。

松本老師剛從台北帝國大學畢業，年輕活潑，又很友善。第一次上課，他就拍著胸膛，爽朗的說：「你們就把我當做『ani-ki』好啦！」

在日語中，「ani-ki」有「老大」的意思，比起「哥哥」更隨意、親切，也帶有一種豪爽、義氣的味道。同學們特別欣賞這種稱兄道弟的氣氛，而他也真的就像是大哥一樣的照顧大家。

「老大」的博物課真的很有趣。其他的課都是呆坐在教室中，死板板的解釋課文；而博物課卻像是出去野外一樣，要實地觀察、思考和自己動手記錄。

「老大」還組了一個「博物同好會」，訂做會員徽章，圖案是萌芽的樹和雄獅。假日時，會員就到野外、山地去採集植物、昆蟲做成標本。李淳陽當然也參加了，倒不是對昆蟲特別感興趣，而是跟「老大」有種親密的感覺，喜歡跟在他旁邊。

「這篇課文中有一個錯誤，誰能找出來就有重賞！」有一次，「老大」對全班這樣下戰書。

「課本是最有權威、最有學術地位的人寫的，哪可能有錯？」同學們議論紛紛：「這是開玩笑吧？『老大』一定在耍我們！」

既然老師這麼認真的獎勵，大家就半信半疑的試試看，卻怎樣也找不出來。等到下次上課時，老師一點破，大家才恍然大悟，確實有一個錯誤之處。

原來這正是「老大」對學生的重要訓練，教他們在看書時要養成「質疑」的思考習慣，不要先當作是真理一樣就全盤接受了，時時都要認真的思索：「真是這樣嗎？不可能會是那樣嗎？……」

全班雖然沒人找得出錯處，但「老大」給予大家的這個無形的「獎賞」真是珍貴。李淳陽也就是從這時開始，養成了這種質疑、思辨的習慣。

「遇見」法布爾

「老大」對李淳陽一生影響最大的，還是在於帶領他認識了法國昆蟲學家法布爾的《昆蟲記》。法布爾是十九世紀全世界最著名的昆蟲研究者，他花了數十年時間，仔細觀察、記錄各種昆蟲的行為，並且用生花妙筆描述出來，完成了厚達十卷的精心傑作《昆蟲記》。

十六歲的李淳陽，一翻開這部世界名著，就不由得被強烈的吸引住。他立刻把十卷全都買齊了，廢寢忘食的，一本接一本讀下去，沉迷在各式各樣昆蟲的生活之中——

糞金龜會將牛糞搓成圓球，然後倒立著用後腳推滾，再挖洞藏起來。埋葬蟲會把小動物的屍體分解，埋進土裡，再加工製成幼蟲的食物。紅螞蟻則會成群結隊出去，搶劫別種螞蟻的蛹，然後照原路回去，把「俘虜」放到自己窩裏；等蛹蛻皮後，就成為紅螞蟻現成的傭僕了。……

這些形形色色的昆蟲行為，都是李淳陽從來不知道的世界。這時的他，其實對於現實世界中的昆蟲並不太感興趣。和大部分人一樣，看到這些總是四處亂爬、蠕動、飛撲的小生物，他甚至會覺得害怕或厭惡。

少年李淳陽一點也沒料到，就在他翻開《昆蟲記》那一剎那，他的生命其實已經不一樣了。不可預測的命運，就從那一刻開始，對他發出強大的吸引力，要將他誘入一個奇特、迷人，令他無法抗拒的世界。

那正是，奧妙無比的昆蟲世界。

在《昆蟲記》書中最吸引人的，是法布爾對昆蟲所做的各種「實驗」——他故意製造各式各樣的意外狀況，來考驗昆蟲們的臨場反應。法布爾設計的實驗方法都很巧妙，而各種昆蟲的反應則五花八門、無奇不有，加上他的描述生動有趣，讓李淳陽大開眼界。

例如：在糞金龜努力推滾糞球時，法布爾用大頭針把糞球固定住，看看牠會怎麼辦？他也把死老鼠放在鋪著薄沙的磚塊上，或吊在半空中，考考埋葬蟲要如何才能把牠埋進土裡？當「紅螞蟻軍團」出去搶劫時，法布爾把牠們走過的路清掃乾淨，或是用水沖洗過，測試牠們還能不能回到家？……

「昆蟲會思考嗎？」法布爾在書中提出這樣的問題：「牠那小小的腦袋究竟怎麼回事？牠的腦袋裡有跟我們相似的能力嗎？」

法布爾對各種昆蟲做過非常多的實驗，尤其是狩獵蜂。一試再試後，他認為：昆蟲只是照著「本能」的驅動來進行，就像是順著斜坡一直滑下去一樣；牠們本身並沒有「思考」的能力。一旦遇到超過牠們能力的意外狀況，必須要改變原來的步驟時，牠們卻還是照樣做下去，不懂得吸取經驗、教訓。

所以，法布爾的結論是：「昆蟲的這種『本能』，從一開始就是完美的，否則就無法傳宗接代了。在這種本能中，既不會增加什麼，也不會減少什麼，就像齒輪一樣的轉動而已。」

「真的是這樣嗎？」李淳陽感到很失望：「多可惜啊，要是昆蟲也能像人類一樣思考，那我們不就可以多出那麼多的新朋友了嗎？」

雖然他對法布爾的說法有點不太服氣，可是他只不過是台灣鄉下的一個少年而已，而且對昆蟲幾乎一無所知。而法布爾，卻是下過數十年苦功去觀察、實驗，而且是享譽全世界的昆蟲學家，如果李淳陽想要質疑，未免是太不知天高地厚了吧？

「可是，」他又這樣想：「『老大』訓練我們要對書中覺得有疑問的地方，絕對不可以輕易放過呀！」

於是，李淳陽真的就把這個疑問放在心裡，時時思考。這一放，就一直要到三、四十年後，才終於有了答案。

世界改變了！

中學二年級時，發生了「盧溝橋事變」，日本出動大批軍隊去中國作戰。

從這時起，在每天的朝會上，教官也開始講述戰事進展情況，一次次宣揚日軍勝利的捷報。也因此，常發動學生撐著旗子去街上慶祝，晚上也要提燈遊行。暑假時，學生也會被派去協助造橋、鋪路，或是去嘉義飛機場割草等等，都是又重又累的勞動服務。

李淳陽最討厭割草，在南台灣酷暑的烈日下，一割就是一整天，每次都曬得他頭昏腦脹。他的體質本來就不強健，像學校規定每個月要來一次十六公里長跑，他差不多都是跑全班最後，並不是故意偷懶慢跑，實在是盡力也跑不快。

但在課業上，他的成績還是保持前幾名，每學期都可領到獎狀。會讓他感到吃力的，是地理、歷史這種需要死背硬記的科目，每次都是「低空掠過」。

他也常被導師責罵。起先總是想不懂為什麼，後來有同學勸告他：「都是因為你太喜歡在課堂上跟老師辯論的緣故，使老師下不了台，當然就會惱羞成怒，討厭你了。」

「真奇怪，」李淳陽回答：「每個人都應該勇於講出自己的意見，這是討論知識、追求真理的方法，跟討不討厭有什麼關係呢？」他一點也想不通。

他特別喜歡思考，有些事情在別人看來沒什麼，他卻不肯輕易罷休。就像法布爾所追問的：「昆蟲到底會不會思考？」這樣的問題，可能一般人會認是很無聊、愚蠢，是「吃飽飯沒事幹」的人自尋煩惱，可是李淳陽卻不肯輕易放過，一輩子都在苦苦思索著。

二年級暑假有一天，李淳陽沒戴帽子，在外面曬了一整天。回家後，突然倒下去，全身猛冒冷汗，又激烈發抖，頭痛欲裂。大約一小時後，就沒事了。媽媽很擔心，趕緊請醫師來看。可是檢查後，醫師搖搖頭，不知道該讓他吃什麼藥。看他已恢復，也就算了。

沒想到，過幾個月，又再度發作，和上次一樣，完全沒有徵兆，突然就爆發了——起先，眼睛中會有閃光，好像滴在玻璃上的水滴一樣，會晃動、擴散，一閃一閃的；接著，就是劇烈的頭痛，也會嘔吐和發冷。然後，腦袋裡就像是裝滿了鉛一樣，昏昏沉沉。

爸媽帶他四處求醫，可是每位醫師都束手無策。從這時起，這種怪病每年都要發作幾次，終生都糾纏著李淳陽不放。

最難忘的事

四年級時，由於眼睛引起的病痛已經相當嚴重，所以他在每堂課之前都是先預習好，比規定進度快，這樣就算突然發病不能上課，也不會受到影響。

有一次，在他預習的代數課本中，有一道題目解不出來。他拼命的想，白天想，晚上也想，可是無論如何也解不出來，非常懊惱。

一天晚上，他頹然丟下課本：「我放棄了，乾脆去請教哥哥算了！」

李淳陽走到哥哥的房門外，又覺得很不甘心，不願就這樣認輸，轉身回房。還是靠自己解決吧！

他幾乎把所有的時間都花在這題上。不管是吃飯、走路、搭火車上下學……都專心在想，把其他科目全都擺在一邊，連軍訓課踢正步時也在想。軍訓教官是出名的兇，不專心踢正步會被教官責打，但他這時也不在乎了。狠起勁一直想一直想。每天想得頭痛，甚至氣得想要撕破衣服來洩憤。

苦思了整整一星期，李淳陽終於解出來了：「太過癮啦！經過千辛萬苦，終於被我克服了！」這是他一生中，覺得最快樂的時刻之一。

在數學課上，老師先問誰會解這道題，只有李淳陽舉手。老師只瞄了他一眼，卻不理他，轉過身，自己在黑板上解答起來。老師寫了幾行，發現解不下去，擦掉重來。中間的大黑板寫滿了，連兩邊的兩個小黑板也寫得滿滿的，還是解不出來。老師很狼狽，汗流滿面，乾脆脫了上衣往講桌一丟，上衣掉在地上，他也不去撿。

全班都察覺氣氛不對勁，但是看老師嚴肅的神態，沒人敢移動或開口，只是呆呆看著。

老師不停的寫寫擦擦，一直解不出來。下課鐘響了，大家還是不敢動。上課鐘又響了，國文老師已經走近門口，發現數學老師還在講台上忙著，不由得愣在門邊。最後，數學老師終於解答出來了，也不等班長喊起立，抓起地上的衣服，很快的衝出教室。

李淳陽早已不記得那道題目，可是在那一星期中，他自己苦思竭慮的過程，那種「咬緊牙根、硬不服輸」的毅力，那種「全力以赴、永不放棄」的決心，是永遠也忘不了的。

四年級時，有全校的游泳比賽，五十公尺比快。

中午在教室吃便當時，導師詢問有誰要參加，無人回答。突然有個同學開玩笑喊了一聲：「李淳陽！」沒想到老師立刻說：「好！就這麼決定了！」

李淳陽大吃一驚，趕緊舉手要反對，可是導師根本不理他就走了。

「糟糕啦！」李淳陽心想：「我只能游幾公尺而已，怎麼能去跟別人比？」

要比快的話，就要游自由式，可是他最弱的就是「律動感」，而像自由式卻要兩手輪流划，然後側過臉呼吸一次，這樣的節奏、動作，他一做就會亂了手腳，根本沒辦法。何況他從未游過五十公尺，真游得完嗎？

「可是現在要苦練也來不及了，」他想：「算了，不要管別人會怎麼想，到時候就跳下去再說吧。」

比賽當天，果然各班派出的都是頂尖高手。李淳陽硬著頭皮，跟著其他選手跳下水，等他好不容易掙扎著浮起來，別人都已經游了好一段了。李淳陽不會自由式，就游側泳，這姿勢他最有把握，游起來比較輕鬆，臉部也可以一直都保持在水面上。

看到他竟然用這種姿勢來比賽，全場幾百人都愣住了。很快的，有人開始笑起來。笑聲會傳染，大家忍不住也都跟著哈哈大笑。在泳池中正認真往前游的李淳陽，當然也聽到觀眾的笑聲。

「沒關係，就讓他們去笑吧，」他邊游邊想：「我就只能這樣游，沒別的辦法啊。」

才游不到半途，其他水道的選手都已經紛紛轉頭折回來。李淳陽想：「看來我只要游完這二十五公尺，到對岸後就可以爬上去了，免得浪費大家的時間。」

所有回頭的其他選手快速的與他相錯而過，這時，他突然又想：「不行，這是五十公尺的比賽啊，我還是應該游完全程才對。」

因此，等他終於游到對岸，雖然已經喘個不停，卻又一轉身，繼續往回游。看到他這舉動，全場立刻轟然大笑！笑聲之大，連屋頂快要被掀掉了！觀眾本來都以為他不自量力敢來參加，游一半就該知難而退；就算他只是故意來耍寶，應該也玩夠了，沒想到他竟然還要繼續游完全程，這動作使得眾人笑得更是無法抑制。

李淳陽從未游過這麼長的距離，他真是使盡所有力氣，才終於撐到終點。勉強爬上岸後，兩腳酸得像廢了一樣，幾乎走不動。他又喘又累，簡直快昏倒了。

這時，全場的笑聲突然停止，觀眾開始給李淳陽最最熱烈的掌聲！

想來所有人都看得出來：他的泳姿雖然很可笑，速度也奇慢無比，但他確實是很認真的在拚，一點也不像是來搞笑、鬧場的。

這轟然響起的掌聲，聽在李淳陽的耳中，就已經是最好的獎賞了。這掌聲，彷彿是正在誇讚他：「你已經盡力了，真了不起！」

鏡頭中的天地

李淳陽對照相一直很感興趣。二姐和媽媽分別送過他名牌相機，他常常隨身帶著，看到好景色就練習拍，然後一張張洗出來，再反覆研究要如何改進。他不僅拍家人、鄰居少女，也帶到學校拍同學。無論是在通學的火車上、校園中、「博物同好會」、野外軍訓課……全都是磨練技術的好機會。

他還曾和兩位學長舉辦一場「模特兒攝影大會」。模特兒就是李淳陽的妹妹，地點就在嘉南大圳的一處水閘。兩位學長拍得不亦樂乎，李淳陽則在旁邊拍他們。

學長回日本讀大學後，李淳陽和其中一位繼續保持聯絡，互寄自己的作品，一張張討論。這樣的切磋，使李淳陽有機會訓練自己，養成了從不同角度來審視作品的習慣。

五年級時，他在一本型錄上看到一台Minolta相機，是這時最高級的機種，當然非常中意。可是售價等於老師月薪的十多倍，他哪買得起呢？

沒想到，爸爸竟然慷慨的答應，立刻打開大保險箱，真的就取出大疊鈔票給他。也許是因為這年沒有颱風，收成很好，爸爸很開心的緣故罷。

李淳陽興奮得整晚睡不著。第二天下課後馬上去把嶄新相機抱回家，放在神桌上跟神明供奉在一起，整晚只是癡癡的盯著它傻笑。

可是接下來，卻是令他大失所望：不管他怎麼拍，洗出來的影像卻都是模糊不清！無可奈何，只好退回日本總公司去修。等待好長一段時日才送回來，試拍看看，還是有問題，再度退回去修。最後，總算可以用了，但是效果仍沒有達到他預期的理想。

這個像是從天堂突然墮入地獄的痛苦經驗，對他的打擊實在太大了。從這時起，他有時會夢見心愛的相機又故障了，在夢中非常擔憂、煩躁，急得不得了。一直到年紀很大，偶而還會做這樣的惡夢，甚至被嚇得醒過來呢。

未來要做什麼呢？

李淳陽自小就很佩服愛迪生，想當發明家，所以對機械最感興趣。可惜因神經太過敏銳，加上身體的狀況，無法忍受工廠那種吵雜的環境，只好打消這個念頭。

爸爸希望他讀醫科，連新家都早已設計成醫院的格局。在這時，如果想當醫師，要去考醫專，讀四年；或是先進高等學校讀三年後，再考上醫學部讀四年。可是他對於當醫師並不感興趣，而且他的「怪病」這時已經很嚴重，恐怕沒辦法再苦讀那麼多年了。

既無法讀工科，也不想學醫，又自認為不適合學法政，那麼，中學畢業後要做什麼呢？這可是個大問題了，他自己也茫然無解。

快要畢業時，李淳陽卻闖了一個大禍。

學校有「週番」的制度：五年級生要輪值去各班巡視，查看早自習的情形如何，記錄下來，在朝會時上台對全校報告。可是由於沒有獎懲，各班根本不把早自習當一回事，當然更不在乎「週番」的報告。

最後一個星期，剛好輪到李淳陽當值，他一上司令台，就大聲說：「我聽『週番』的報告聽了五年，已經聽得很厭煩了！」

全場立刻嘩然，從來沒有學生敢這樣公開批評學校的。

「每次都只是報告哪班好、哪班不好，好的差不多就是那幾班，壞的也一樣。從來都沒改進嘛！」他越講越大聲：「這樣有什麼意義嗎？」

這時，台下一片死寂。李淳陽看到教官、校長都沈思著，並未前來阻止，於是鐵了心，繼續把平日見到的不合理事情都一一提出來批評一番。

最後，他慷慨激昂的提出建議：「從明天開始，全校同學一到學校，把書包放在教室內，就趕快出去操場上運動！做體操也好，賽跑也好，要好好訓練身體，養成『浩然正氣』！」

他痛快發表完畢，走回班上的行列。全校學生出奇安靜的，分別回到自己的教室。

第一節課，老師沒來，因為被緊急召集去開會，討論如何處置李淳陽。

「你一定會被退學！」同學們都氣急敗壞的對他說：「再一星期就畢業了，你這時還敢講這些話！」

「退學也沒關係！」李淳陽硬著嘴回答：「正好回家替我老爸看牛啊！」

出乎意料的，學校最後並沒有處罰他，還是照樣畢業了。只不過，校規同樣也沒改變，照樣要在教室內早自習，朝會的「週番」也一樣進行。

李淳陽會做出這樣的舉動，可能就是李爸爸「正義感」的遺傳罷。對於某些人、事看不慣，忍不住就會衝動的發飆。像這樣的事件，在往後仍會發生，還有苦頭給他嚐呢。

李淳陽安然無事的從中學畢業，去考「台北帝國大學農林專門部」（今天的中興大學）。「只要讀三年，比較輕鬆，而且以我的成績絕對考得上沒問題。」他這樣打算著。

沒想到一放榜，他竟然名落孫山！

「怎麼可能！」當時正在讀台北醫專的一位學長驚訝的對他說：「你是嘉中的高材生，怎麼可能連農專都考不上？」

他自己也覺得不可思議，因為作答時發現題目實在太簡單了，應該名列前茅才對啊。

學長不服氣，跑去學校查分數——果然，李淳陽考的分數是第一名！

「不過，」學校行政人員這樣答覆：「今年我們不錄取台灣人。」

學長一聽，簡直快氣炸了：「既然不準備錄取台灣人，為什麼招生簡章上不註明清楚？」

李淳陽雖然也很失望，倒是不太氣憤，因為這幾年來，他早已明白日本殖民台灣的「雙重標準」手段，只是覺得無奈罷了。

他回想起小學畢業時被修改名次的侮辱，當時他曾對自己發誓：「做日本人或台灣人都不要緊，要做『實在的人』才是最重要的。」這個誓言，五年來他並沒有忘記，一直都在努力的學習著。

「可是，這明明是『虛偽、歧視』的現實世界嘛，怎麼可能做得成『實在的人』呢？」這時的他有著更多的困惑。

而且，眼前最急迫的問題是：台灣已經沒有其他學校可以考了，怎麼辦？

這時候，哥哥正在日本，準備要考九州的醫專。

「好吧，我也先去日本，走一步算一步，以後再做打算。」李淳陽這樣想。

第四章 飢餓的青春歲月

「世間最美的，就是天上的星辰，和人們心靈深處的『真實』。」他忽然想起哲學家康德的這句話……

小說・哲學・大自然

到了日本，李淳陽四處去看看、玩玩。他對未來毫無目標，其實根本不想再繼續求學了。

「活在充滿欺騙的世界，做一個『二等日本國民』，有什麼意思呢？」他有些自暴自棄的想著：「不如還是回台灣算了，一邊耕作，一邊寫詩，當個靈魂自由自在的『詩人農夫』也不錯呀。」

他買了幾本拜倫、海涅、席勒等人的詩集，讀得津津有味。

但是哥哥和東京的親戚當然都反對，還是督促他去考「東京農業大學」。這所私立大學設備不太理想，不過李淳陽並不在乎。

就這樣，在民國三十年四月，李淳陽成為大學生。對他而言，這就像是順著命運的安排，並不是以自己的興趣或意志去做的選擇，所以他根本不帶勁。

可是，這個隨意的決定，卻可能救了他一命——不久後，戰爭更加激烈，日本政府擴大動員，沒有就學的年輕人必須被徵調去當先鋒隊、特攻隊……。李淳陽的中學同學裡，有幾位就是因此喪生。如果他當時沒進大學，或是要重考，說不定也同樣冤枉的戰死了。

農大的農業科要讀三年，課程包括栽培、育種、病蟲害防治……等。其實對他來說，上這所大學收穫最大的，並不是在課堂上，而是上學途中的舊書店裡。

由於戰爭的影響，各種物資嚴重缺乏，無法出版新書，所以每本舊書都很珍貴。李淳陽在舊書店找到許多小說名著，彷彿發現新大陸一般，狂熱的讀起杜斯妥也夫斯基、莫泊桑、托爾斯泰……等人的代表作。從小生活優渥、不知人間疾苦的他，一直要到這時候，才透過小說的描述，窺見世間黑暗、複雜的那一面。

這個發現，使得青年李淳陽大為震撼，同時也開始不斷的思考：「生命到底是什麼？人生到底有什麼意義？……」

接下去，他就陸續研讀哲學名著，像康德、尼采、蘇格拉底……等名家大作，每一本都像是一扇門，打開來，讓他進入前所未見的世界。

除了沉浸在文學和哲學之中，他也常常徜徉在大自然的懷抱裡。東京四周的山邊有很多自然步道，他幾乎每個星期天都會四處去走走。日本又有很多名山，他在假期中常帶著相機去旅遊，爬上白雪皚皚的「白馬岳」，或是在結冰的「山中湖」溜冰……都是難忘的美好體驗。

他喜歡獨來獨往，覺得這樣才自由自在。一邊在山水中遨遊，一邊隨意哼著日本和歌：「到底要翻過幾座山，幾條溪，寂寞才會消失？今天，我還是在走著……」年輕的李淳陽覺得很舒服。

聽雷的鴨子

「這種音樂到底好在哪裡呢？為什麼我完全聽不懂？」李淳陽靠著音樂廳的牆壁，很苦惱。

同學帶他來聽音樂會，這是他第一次聽到貝多芬的「命運」交響曲，從頭到尾都真的像「鴨子聽雷」一般。可是看看周圍，每個人卻都聽得入神，甚至輕輕搖頭晃腦，一副著迷的模樣。

李淳陽的個性就是不服輸，一定要徹底搞清楚才行。他開始買唱片，一張張反覆聽。這時的唱片相當昂貴，但他毫不在意，想盡辦法省錢去買。一直聽一直聽，才逐漸體會出西洋古典音樂的迷人魅力。

正好在這時，他讀到哲學家尼采的一句話：「沒有音樂的人生是錯誤的。」正中下懷，簡直就像是在批判他之前的生命一樣。

既然迷上古典音樂，李淳陽乾脆更加深入，開始拜師學小提琴。

他跟隨的老師特別嚴格，脾氣也不好。李淳陽已經二十歲了，雖然不斷的苦練，還是常會被老師責罵，對自己越來越失去信心。每次去老師家上課，要換三次電車，將近兩小時的車程；如果遇到下雪，又冷又濕，更是難受。於是他萌生放棄的念頭。

「學小提琴本來就是很困難的事，十個人當中有九個會半途而廢。」老師看出他的掙扎，特地找他長談：「你要瞭解，現在你學習時所遭遇的痛苦，並不只是為了學小提琴而苦。這是一種訓練，是讓你了解『苦』是什麼。因為你的人生中還會有更多的苦在等著你，現在你一定要和這個苦決鬥，克服它，將來才會有幸福。」

李淳陽覺得很有道理，所以又咬牙繼續學下去。

他很想要一把手工製作的好琴，可是那至少要六百元。雖然妹妹好心的把她做裁縫所存下的兩百元借給他，但仍缺四百元。李淳陽想來想去，還是照他的老習慣吧──為了要達到目的，可以犧牲一切。他就發狠省吃儉用，一點一滴的來存錢。

這時爸爸每月給他一百元生活費。他嚴苛的奉行節約生活：電影不看，咖啡也不喝了！每天為什麼要吃三頓飯呢？省為兩頓！兩雙皮鞋太多了，賣掉一雙！忍耐一點，外套也可以不用，賣了！

他把身邊所有能出售的東西全都變賣，想盡辦法硬是省錢，就為了希望能早日擁有心愛的小提琴。

蘿蔔葉大餐

「開戰了！開戰了！」

李淳陽上學時，在電車月台上看到很多人圍著看佈告欄的報紙號外，他也擠進去瞧：「日美開戰！皇軍攻擊珍珠港！……」

這是西元一九四一（民國三十）年十二月八日，日本偷襲珍珠港，正式對美國宣戰。戰爭使得李淳陽的世界全都大大改變了。

這時他是二年級，和哥哥在東京可慘了。受到戰爭影響，所有物資更加缺乏，連日常用品都被搶購一空。更糟的是，就算有錢也買不到食物，只有靠「糧食配給」來勉強維生：日本政府規定發給每人「外食券」，一天三張，持券去餐廳才有得吃；如果要自己在家煮，就配給青菜和一點肉。

一大早，李淳陽就拿著「外食券」去餐廳排隊，可是前面已經排得很長了。等了老半天，排隊的人忽然全都一哄而散。李淳陽還呆立著，有個人對他說：「小兄弟，餐廳的食物全都賣光光了，你還傻傻的排什麼隊？」

既然排隊吃不到，那就改領配給罷。公寓管理員把兄弟倆的份送來——只有一小捧的米而已，仔細看，還是發霉的！沒辦法，只有忍耐下肚了。

下回配來的，竟然是米和黃豆摻合著。「這要怎麼煮啊？」兄弟倆看著都傻了，只好去問隔壁的歐巴桑。

「要先把黃豆分開來，炒一炒才能吃。」她說。

他們只好忍著肚餓，每次都耐心的將豆和米一粒粒分清楚，再分別炒和煮。

沒想到，後來又配來用碎黃豆做的豆餅。「咦？這不是給豬吃的飼料嗎？」兩人面面相覷，不知如何才能下嚥。實在餓得不得了，還是去請教隔壁的歐巴桑。原來，要用煎的才能吃得下去。

其實這些都還好，有時竟然只配來一把蘿蔔葉！這下子兩人真是被打敗了，他們再怎麼想破頭，也不懂要怎麼吃。答案是：放在茶杯中，用鹽水泡一泡，就這樣吃下去。

他們正是青春的年華啊，單靠這些東西怎麼撐得住呢？沒辦法，實在受不了時，也只能拼命喝水充飢而已。

最慘的是，李淳陽身體的狀況更加惡化了。

剛到日本時，他曾去慶應大學醫院檢查，醫師判斷這病症是由於視神經血管痙攣，使血液的循環變差所引起的。而這時，因為東京缺少糧食，造成營養更差，使得這個病來得更加頻繁，有時甚至一星期發作一次。每次一發作，他必須趕緊搭電車回到公寓，獨自躺著哀號。什麼地方都不能去，書不能看，字也不能寫，一心只想能撐到畢業就好。

戰爭越來越激烈，在台灣的李媽媽很擔心，一個人勇敢的趕到東京來照顧他們。

一見到李淳陽，媽媽大吃一驚：為了存錢買小提琴，他竟然沒有大衣、厚鞋，在嚴寒的冬天裡，冷得直打哆嗦。她非常心疼，立刻掏錢給他。李淳陽的小提琴美夢終於如願以償。

在東京市區根本買不到食物，李媽媽憑著自修的簡單日語，冒險轉多趟車，摸索到偏遠的鄉下，向農家買雞蛋、青菜。由於農家缺少衣服，所以她就拿自己從台灣帶來的衣服去交換。

李媽媽的本事真大，連日本鄰居們都不知道的黑市，她竟然有本事找得到，偷偷的買了食物回來，餵飽兩個寶貝兒子。還好有媽媽照顧，否則這兩個大男生說不定會因為營養不良而餓死異鄉了。

由於戰況越來越緊張，前線需要大量補充作戰的兵力，日本政府下令「學員動員」，徵調學生去當兵，所以李淳陽就提早半年畢業了。他本來選定的畢業研究論文主題，是要研究西瓜的一種枯藤病，不得不因而中止。

學校的佈告欄貼滿了徵人啟事，李淳陽看來看去，覺得自己比較適合進入研究機構，例如「台灣總督府農業試驗所」。

李爸爸一直希望李淳陽畢業後能趕快回台灣，因為他的農場太大，一人個忙不過來。於是李淳陽便去學校的人事室申請應徵，不料校方回答說：「你不用試這間農試所，因為他們不雇用台灣人。」

李淳陽一聽，知道這又是日本人的「雙重標準」作風。可是這是他唯一想做的工作，還是壓下心中不舒服的感受，對校方說：「沒關係，還是去應徵看看吧！」

出乎意料的，他竟然被農試所錄取了。

如果就這樣死了……

在太平洋戰爭期間，往來於台灣與日本之間的船隻常會遭到美軍潛艇的攻擊，非常危險。可是，李淳陽和媽媽還是決定要冒險回台灣，否則待在東京半餓半死的也不是辦法。

他們搭的是「熱河丸」號客輪，有一艘老舊的小驅逐艦護航，另外跟著兩艘載運軍火和石油的貨輪。從神戶出發，要四天三夜才能到達基隆。

上船後，發給每人一副用軟木塞做的救生板，套在脖子上。乘客個個都是憂心忡忡的神情，大家明白日本在戰爭中節節敗退，海軍已經失去「制海權」，這一趟很可能凶多吉少。等到船一出港，每個人的表情變得更是沉重了。

這艘客輪很小，裡面有房間。李淳陽他們買的是三等票，在船艙最底層面的大通舖。他見到甲板上到處都是船員和水兵，心想：「真奇怪，甲板上又冷又會吹風，他們為什麼不進艙裡呢？」

他自己為了預防萬一，早已用一個裡層有橡皮保護的袋子，裝著相機和重要的底片。這些底片是三年來在日本所拍攝的最珍貴留影，可千萬不能掉了。

航行的第三夜，李淳陽正睡得昏沉沉的，突然「轟隆」一聲巨響，把他震醒過來。接著又是巨大的爆炸聲，船身晃動起來，燈光也熄滅了。

「糟糕！船被打中了！」李淳陽立刻抓緊救生板和袋子，帶著媽媽摸索著往甲板上逃。

船已經開始傾斜，他們好不容易才上了甲板。到處一片混亂，人們四處奔跑、哭吼、歇斯底里尖叫著……。在朦朧月光下，李淳陽看見那艘護航的驅逐艦正在下沉中。

他抓緊媽媽跑到船尾，總算找到原先指定他們搭乘的那艘小救生艇，沒想到它竟然很快的划走了！李淳陽著急的要再去找別的艇，媽媽對他說：「你自己趕快跑！我已經老了，活不了幾年，不要再管我了，你快跑！」

李淳陽一心一意只想找到另一艘救生艇，再來帶媽媽走。他在傾斜而擁擠的甲板上困難的前進，到處都找不到。沒想到又是一聲暴響，把他震倒，就在這時，他忽然看見一艘救生艇正要划出去，心一急，立刻躍身跳下去！

真是老天爺保佑！他從兩、三層樓高的甲板一躍而下，竟然準準的落入救生艇中。他栽在兩個男人中間，毫髮無傷。

回過神來的李淳陽，閃進腦中的第一個念頭是：「糟了！我忘了媽媽啦！」

他又急又羞愧。可是救生艇已經很快的划離客輪了，因為大家都知道：當客輪沈沒時，巨大的漩渦會把附近所有小船都捲進海底的。

在寒夜中，暗綠色的海浪特別洶湧可怕。一下子高高的激盪起來，小小的救生艇像是被抬到山頂上似的，只看到天上繁星閃耀；忽然，救生艇又急速的掉落下去，好像被狠狠的摔到谷底一般，只見周圍全都是翻滾的海水。

李淳陽趴在救生艇底，又暈眩又不停的嘔吐。冬夜海上的寒風襲打著他溼透的身體，使他不停的顫抖著。

他聽到爆炸聲，抬頭看：客輪裂成兩半，很快的沉沒了。想著被他遺棄的媽媽，他感到深深的懊悔與絕望：「如果我僥倖沒死，回家後也要面對家人傷心、痛苦的場面，倒不如現在就死在這裡罷……」

他正在這樣胡思亂想著，忽然聽到有人大喊：「看！那是什麼！」

月光下，只見一個奇怪的東西逐漸靠近，越來越大。

「是潛水艇！趕快趴下去！趴下去！」

李淳陽趴伏著，只聽到「喀喀喀」的引擎響聲，一股強烈難聞的廢氣衝進鼻孔。他緊張得心臟都快要停止跳動了。

就在這時，童年的情景在腦海中一幕幕快速閃過——

忽然，一道強烈的白色燈光掃照過來。李淳陽不敢抬頭看，更加縮緊身體，絕望的等待即將到來的機關槍掃射——

「真可憐啊，我還這麼年輕，卻要死在這裡，有什麼意義呢？」他想著：「如果聽到我死了，這個世間，到底有誰會為我哀悼、祈禱呢？」

他忽然覺得非常非常的孤獨、寂寞。

不知過了多久，白色強光不見了，刺耳的引擎聲也慢慢的變小，終於消失了。

救生艇上的人們從死神手中撿回寶貴的性命，全都癱著，不停的喘氣。

李淳陽翻過身，仰面躺著。眼前是亙古不變的滿天星斗，他覺得從沒見過這麼多，這麼密，又這麼晶亮的星星，不停的閃爍著，好像正在和他親切的說著話。

「世間最美的，就是天上的星辰，和人們心靈深處的『真實』。」他忽然想起哲學家康德的這句話。

回想自己這一生，他一直習慣獨來獨往，幾乎沒什麼好朋友。旅行、爬山、聽音樂會……常常都是一個人行動。他從來不覺得這樣有什麼不對勁，直到面對死神的那一刻。

「也許我過去的生活方式是錯誤的，應該要過那種『會愛人、會關心人』的生活才對。」李淳陽想：「這樣，到了生命終了時，才不會感到遺憾罷。」

在茫茫大海上漂流著，李淳陽的這種覺悟特別強烈。

天亮了，有兩架日本飛機飛過去。到了中午，原先逃走的那兩艘貨輪終於轉回來，一一救起海上的倖存者。李淳陽爬上船梯時，忽然看到一個熟悉的身影，他大叫：「阿母！」立刻衝上前去。

李媽媽正由兩個水兵攙扶著，已經快不省人事了。一見到他，媽媽眼淚盈眶，激動得說不出話來。

原來，在客輪下沉時，因為甲板太傾斜了，李媽媽沒辦法站立，只能順勢滑進海中，還好她抓到一塊木板，在海上漂浮著，之後才被一艘救生艇拉上去。不久，這艘卻也沉沒了，她再度掉進海中，幸好又被另一艘救起。經過這些折騰，李媽媽早已是半昏迷了。

原先客輪上的一千兩百位乘客，最後只有大約四百人獲救。李淳陽這時才恍然大悟：原來船員和水兵都有經驗，所以不敢進房間睡覺，一直都待在上面甲板上，以便可隨時逃生，也難怪救生艇早已都被他們佔滿了。

由於貨輪害怕又會被美軍潛艇襲擊，只敢在白天航行，夜晚就停靠大陸岸邊躲避。就這樣，又花了四天三夜，才終於回到基隆港。

休息一夜後，李淳陽先到台北，向農試所報到。他走在一條榕樹夾道的路上，聽到綠繡眼正在樹上「唧—唧—唧—」叫著。

「啊，我現在已經站在堅實的地面上，這是絕對不會沈下去的地方了。」

這種強烈的感覺，讓他感到很安心。

李淳陽在日本時期所拍的珍貴底片，因為用保護袋裝著，沒有毀於船難。

他細心的把相片一張張洗出來，又花了很多時間，在相簿裡編排、貼好，並且題上：「再出發之日——利己的個人主義者之死，是無比虛無的。向大愛出發吧！」

第五章

在惡臭與香馥之間

也許就跟生命中的各種考驗一樣：起先會令人覺得是難以承受的痛苦，可是如果堅持下去，卻會帶來愉悅的結果……

太臭啦，這小傢伙！

從鬼門關死裡逃生的李淳陽，開始在「總督府農業試驗所」上班，這是民國三十二年十二月。他帶著一種「新生」的體悟，決心要把這個大難不死的生命活得更有意義。

農試所就在今天台北公館的「台灣科技大學」一帶，是日治時期台灣最重要的農業研究機構，肩負著台灣農業發展、改革重任。

李淳陽在大學讀的是植物病理，沒想到竟被分派到「應用動物系」研究農作物的蟲害防治。這個完全出乎意料之外的安排，使他與昆蟲結下了終生不解之緣。

他從最低層的「助手」做起，這時的農試所中，除了他之外只有另一位台灣人，果然證實「農試所不雇用台灣人」的傳言。可是，為什麼會對李淳陽破例呢？原來，這時由於戰爭，軍方對於社會風氣要求特別嚴格，規定年輕男人都必須剃小平頭或光頭；偏偏李淳陽卻留著一頭長髮。

「嘿，這傢伙像個藝術家哩！」當應用動物系的系主任翻看應徵者履歷表時，不禁對著李淳陽的照片笑了起來。系主任很欣賞這種敢於不隨流俗的勇氣，對他另眼相看；而且他又會拍照，對於研究昆蟲很有幫助；再加上熱愛西洋古典音樂，正好跟系主任的興趣相符，所以就錄用他了。

系主任想要試試李淳陽的本領，故意叫他去做「青椿象」研究。

台灣由於氣候高溫多濕，很適合昆蟲的繁衍生存，因而使得農作物時常遭受各種蟲害，青椿象便是水稻最主要的害蟲之一。李淳陽的任務，就是要去抓蟲來，在實驗室裡飼養，了解牠的生活史，然後找出弱點來下手防治。先前也曾有其他助手試過，可是都沒養活，當然更不用說要做長期觀察、研究了。

「為什麼會養不活呢？」李淳陽先仔細探討別人會失敗的原因——他們是把蟲抓

來放在玻璃皿中，摘稻葉給牠吃。可是李淳陽發現：青椿象是用注射器一樣的口器去吸吮汁液，牠能夠吸得出來，要靠葉子本身的壓力來幫助才行。葉子摘下不久就會萎凋，裡面的壓力變小，青椿象就沒辦法吸出汁來；即使把稻葉插在水瓶中養，壓力也會不足，難怪養不活。

他研究清楚後，就改變做法——把稻子種在花盆中，讓它一直保持活著的狀態；把蟲放在稻葉上，外面再用網罩著，不讓牠逃走。用這方式，果然一下就養成功了。

接下來，他花了一年時間，完整的掌握青椿象的生活史和各種習性，也知道牠們一年中會有幾世代，然後更進一步找出防治的方法來。

做出這項研究，讓大家都對他刮目相看。不過，在過程中他可真吃了不少苦頭。

這種蟲的俗名是「臭腥龜仔」，顧名思義，牠們確實很臭：從胸部的小洞會噴出一種特別的物質，其臭無比。李淳陽本來對於氣味就很敏感，卻不得不強忍著去接觸。即使他拼命洗手，可是那種臭味還是會纏繞不去，尤其是吃飯時更是受不了，真是無可奈何。

可是，真奇怪，當他和青椿象這小傢伙相處久了後，逐漸不像原先那樣討厭牠們；而且每次洗手洗久一點，甚至還會覺得那種臭味竟然變成有些香香的。

這種轉變真是太奇妙了。也許就跟生命中的各種考驗一樣：起先會令人覺得是難以承受的痛苦，可是如果堅持下去，卻會帶來愉悅的結果。

就在這樣「惡臭」與「香馥」交夾之間，李淳陽展開了昆蟲的研究生涯。

這是白人的世界嘛！

在他剛要研究青椿象時，必須先去圖書館查閱文獻資料，看看別人對這題目已經做過什麼研究，還有哪些問題尚未解決。

應用動物系的圖書館藏書非常豐富，因為首任系主任曾去英、美留學，有著開闊的視野，而且積極收集各國的相關圖書。李淳陽對這寶庫特別感興趣，常常去借閱。他發現所有的文獻資料中，絕大部分是英文、德文和法文，日文的很少，中文的則根本沒有。從研究資料的多寡，正可以顯示國力的強弱。

「原來這個世界是白人掌握的嘛！」他恍然大悟。

他常常逗留在圖書館中，一本本抽出來看。其中有一本英文的《奇異的昆蟲生活》（Marvels of Insect Life），不但對昆蟲的各種行為解說豐富，還附有大量的攝影圖片和精緻繪圖，令他大開眼界。雖然他這時的工作是在防治害蟲，卻因為這本書的關係，對於昆蟲行為產生極大的興趣，開始在研究室中仔細觀察。

例如螳螂，一碰面就馬上交配，然後雌螳螂會一口就咬掉雄螳螂的頭。又像負泥蟲，在放大鏡下，李淳陽看到牠們交配後，雄蟲先是倒在旁邊，然後又會再度爬上去，抱著雌蟲一陣子，像是依依不捨般，慢慢的離去……。

「哇，真是很有感情嘛，」李淳陽看得很感動：「這和熱戀中的人們不是一樣嗎？」

他忍不住去敲同事們的門，呼喚大家一起來共賞，為大自然的奧祕而讚歎不已。

李淳陽觀察越多，就對昆蟲行為越感興趣，同時也產生更多疑惑：「像負泥蟲這小傢伙，被我們認為是主要的『害蟲』之一，但是牠們會不會跟人們一樣，其實也有喜怒哀樂的情感呢？」

其他的同事跟他大不相同，他們對昆蟲最大的興趣是抓來做成標本，互相比較、炫耀，看看誰收集的種類多，誰製標本的技巧高明。

李淳陽對此總是不免會搖頭，想起昆蟲學家法布爾曾說過的：「你們把昆蟲變成一堆既恐怖又可憐的東西，而我則是使人們喜歡牠們。你們探究死亡，而我卻是探究生命。」

荒廢虛無的時光

昆蟲的世界讓他著迷、感動，可是人類的世界卻正進行著殘酷無比的戰爭。台北也受到嚴重影響，空襲警報越來越頻繁，很多機構都往鄉間疏散。李淳陽和同事們困守在農試所中，各種試驗工作都被迫停止，田地荒廢，雜草叢生。他們常常只能吃到一點米飯，配著甘薯葉，勉強維持生命。由於營養不良，走起路來都像飄浮似的。總督還下令所有員工要自己耕作，來增產糧食。大家不得不扛起鋤頭去挖地，沒想到身體太虛弱，鋤頭一往上舉，整個人就跟著向後跌倒了。

這時李淳陽住在單身宿舍中，年輕的伙伴們為了排遣青春時光，晚上常常會聚在一起唱歌，在戰爭蹂躪下苦中作樂。

有一次，他們搭小火車去萬華，想找看看有什麼東西可以填飽肚子。半路上突然聽到空襲警報，火車停下來，讓乘客趕緊找防空洞躲避。可是他們依舊茫茫然的坐著，一點也沒想要躲。因為飢餓得太久，精神狀態已經差不多像是半死半活，對未來的命運又感到迷惘，就算是被飛機投彈炸中，也無所謂了。

在台北生活太艱難，也已經完全無法做研究，於是李淳陽在民國三十四年初，轉調農試所的嘉義分所，離家近，也好照顧。

由於李淳陽有做研究的能力，不久就升為「技手」，是正式的職員。離他進入農試所不過一年多而已，升遷之快，很可能是破紀錄的。

這時已到戰爭末期，軍部佔用分所本館，職員被集中在一個倉庫辦公。沒什麼工作可做，李淳陽整天只好看書渡過。

新時代來臨了嗎？

八月十五日，日本投降，中華民國接收台灣。李淳陽歡喜的是，從此不必再做被歧視的二等國民了。

自從他回來台灣，爸爸就一直催他趕快結婚。等他調回嘉義分所後，催得更緊了。透過親戚做媒，介紹一位家住西螺的廖滿玲跟他見面。這時的社會風氣相當保守，女方有親友們在旁邊盯著，所以兩人沒機會多交談。

雙方既已見過面了，媒人就開始積極進行婚禮的籌備。李淳陽覺得不太妥當，所以就乾脆寫信給她，希望藉由書信來互相了解。在信中，李淳陽坦承他心中最大的陰影：「我感到最羞愧的，就是在那次船難時，竟然會拋下老母，自顧自跳下救生艇……」

廖滿玲在回信中這樣安慰他：「那是很自然的行為，就算當時想救媽媽，你有那種能力嗎？當時會跳下去是很自然的反射作用，我想你媽媽能夠了解。我並不覺得你應該要羞愧……」

李淳陽覺得她寫的信很有內容，思想也有深度，便繼續通信。兩人這樣寫來寫去，就在這年十一月底結婚了。她的善解人意和堅定支持，成為李淳陽一生最重要的支柱力量。

先前在戰爭時期，由於人工短缺，加上李爸爸的脾氣急、要求嚴，很多工人紛紛離去，所以大部分田園都荒蕪、廢棄，情況很慘。雖然沒有耕種，可是土地的稅金還是照樣要繳納；而且在戰時也時常必須向日本政府「奉獻」糧食。李爸爸沒辦法，只好用土地做抵押，向銀行借款。幾年下來，家中其實早就等於已經破產了。

就因為這樣，李爸爸心情鬱悶不開，再加上戰時營養很差，使他一直削瘦、生病，在光復不久就去世了。

李淳陽分到的遺產有三十多甲，這廣大農地的照料很麻煩，成為他心理上的一大負擔，也使他開始考慮是否應該辭職，專心經營農場。而在這時，分所的工作也越來越讓他難以忍受。

光復後，起初大家都歡天喜地，因為可以回歸祖國做中國人。可是沒想到，從大陸來台接收的許多新主管，不論是語言、生活習慣、工作觀念……跟本地員工都有很大差異，造成各種摩擦，甚至逐漸惡化成為激烈衝突。

最讓李淳陽無法接受的，是新主管們各種不合理的做法，例如：裁掉本來任職的台灣籍員工，一一安插自己的親戚；有的主管專業水準低，作風又霸道，甚至會在背後陷害意見不同的人……。

情況越發的嚴重，終於爆發出來了。同事們聚在一起討論著：「再這樣下去，我們全都會被裁光，一定要罷工抗議才行！」

在台灣籍員工中，李淳陽算是職位最高的，平時又愛打抱不平，大家就公推他帶頭，向所方提出各項改進的要求。前後經過兩次罷工抗爭，沒想到情況不但完全沒改善，反而有更多人被辭退。李淳陽非常失望，也認清不可能改革，於是就辭職了。

其實在這時的台灣，其他各縣市、各單位也都有類似的狀況，到處都有激烈的衝突事件。就在李淳陽搬回家後沒幾天，台北爆發了「二二八事件」。全市騷動，各界停工，學校罷課，群眾上街示威遊行。很快的，在全台各地蔓延開來，最後引發軍隊開槍鎮壓的行動，各地死傷慘重。

曾經帶頭罷工抗議的李淳陽，因為已經辭職回家，僥倖逃過一劫。

你不是農業專家嗎？

在混亂、恐怖的局勢中，他躲在家中田園，認真的學習如何當個好農夫。

他認為自己既然要從事農業，就應該真正去過農夫的生活，學會農夫的知識與能力，所以什麼都試種看看：稻子、甘蔗、蔬菜、雜糧、果樹……等等。田裡的各種工作也都要親自去動手：犁田、耙地、播種、收割……每個步驟都要學習，這樣才能真正了解佃農們的辛苦之處。

這時的水稻常會受到螟蟲危害，尤其是嘉義一帶的稻田受害特別嚴重。這種小蟲會鑽進稻莖內，使它無法結穗。

在這年七月時，佃農勸李淳陽不要種抵抗力較弱的「蓬萊種」，最好跟大家一樣，種「在來種」比較保險。可是李淳陽看當時的蓬萊米價格較高，就決定還是要冒險試試看。

在田裡忙了幾天，終於全部插秧完成，他便去台北辦事。過一星期回去，一看：「咦？怎麼秧苗全都看起來奄奄一息？」

他趕緊下田去，把稻莖剝開來：「啊，螟蟲來了！」

真糟糕，有螟蟲的話，就代表不會有收成，這一期的辛苦算是全白費了！

「你不是去日本讀防治害蟲的學位嗎？你自己是農業專家，怎麼會搞到這地步？」佃農不解的問他。

「沒辦法，當醫師的人，自己也是會死啊。」李淳陽尷尬得只好這樣自我解嘲：「這種蟲是沒藥可治的，並不是我飯桶。」

這一年，整個嘉義地區就是他家那一帶農田受到螟蟲危害最嚴重。從自己親身受害的慘痛經驗，他體認到農民的辛苦和困境，也越發的明白農試所研究工作的重要性。

「如果能研究出有效的方法，可以來防治各種害蟲，解除農民的痛苦，這才是真正有意義的工作！」他這樣想。

他開始自己動手，用電魚的用具，試著用電流來電螟蟲，看看能否取代農藥。雖然已經辭去農試所的工作，但是潛藏在他內心中的強烈好奇心和研究慾望，依然會敦促他要動手做各種實驗，去解決問題。

這時他比較有空，就勤讀英文雜誌來加強英文能力，例如《讀者文摘》和《生活》雜誌，一邊查字典，一篇篇讀下去。

尤其是《讀者文摘》，讓他獲得很多觀念的啟發，對他幫助很大。但是從沒料到，有一天這雜誌將會使他名聞全世界。

命運的大風吹

「這兩根是做什麼用的？」客人指著桌下電魚的用具，好奇的問李淳陽。

這位遠從台北來的台大胡教授，是聽說李家的農場規劃得很好，特地前來參觀。李爸爸當年的確很有遠見，每區農田都相當方正，按照地勢高低安排不同的農作物，正中央一條灌溉水道，非常方便。精心的安排設計，果然連農業專家的胡教授都讚不絕口。

當李淳陽解說如何用這工具做實驗，來電擊水稻害蟲時，胡教授很感動，沒想到在這偏遠的鄉間農場裡，李淳陽仍然孜孜矻矻的嘗試著做研究。

「如果你還想繼續做實驗，何不回農試所呢？」胡教授這樣建議。

「回去沒意思！」李淳陽把過去的委屈全都傾吐出來：「那裡既沒有研究經費，

行政體系又亂無章法，根本不可能專心做研究。」

「現在情況不同了，」胡教授解釋：「因為『農復會』跟著政府遷來台灣後，負責農業的發展、推廣，可以來做一些事；而且又有來自美國的經費支援，研究費也比較充裕了。」

經過胡教授推薦，農試所新任的所長親自寫信來請李淳陽回去。李淳陽考慮再三：「我還年輕，像『地主』這種悠閒的生活，並不太適合我；既然我體認到做害蟲研究的重要性，自己也很感興趣，還是應該再多做一些研究，這才是有意義的人生。」於是就答應了。

民國三十九年初，他舉家遷到台北，回農試所任職。這回他遇到農復會的技正歐世璜，既正派又很賞識他，兩人意氣相投，很能配合，於是李淳陽就恢復了研究生涯。

首先，繼續做螟蟲的防治實驗。他去台大醫學院借電器設備，嘗試用電力來防治。最後，他發現必須要用很高的電力才行，對農民來說並不適合，所以他還得再想別的方法。

「這種蟲，牠的生活中有什麼弱點呢？」他絞盡腦汁思考著。從這幾年的實地觀察經驗中，李淳陽發現：在稻子收割後，螟蟲會集中躲在「稻頭」部位，渡過寒冬。

「如果能趁這時候，想辦法讓稻頭盡快腐爛，螟蟲沒地方躲藏，不就解決了嗎？」

經過他不斷的實驗，終於發現：如果在冬天，把「黑肥」（氰化鈣）灑到稻頭，加水分解後會發出一種毒素，就能使螟蟲死亡。

後來，他將這個研究成果寫成論文，寄給美國的《經濟昆蟲學期刊》（Journal of Economic Entomology），這是全世界最重要的昆蟲學刊物之一。

沒想到竟然被接受了！李淳陽當然非常開心，喜孜孜的翻開這期雜誌，突然好像被潑了一大盆冷水：他原本洋洋灑灑的的寫了十頁，竟然被改成只有一頁！

他很不服氣，再仔細的讀過，才終於明白了：原來科學研究本來就是實事求是的工作，寫論文根本不要囉哩囉唆的，只要談「是因為遇到什麼問題，才去做這個研究？如何做的？最後得到什麼結果？……」這樣寫清楚就好了。

從此，他更加用心的練習，要求自己寫出簡潔明瞭且言之有物的文章。

李淳陽回到所裡後，很快的升為「技正」，這樣的升遷速度也是破紀錄的。但是沒人會料想得到，在技正之後的整整三十年，他竟然就再也沒往上升了。

農復會看他確實是個能做研究的人才，相當看重，可是他卻碰到了瓶頸。

這時的台灣，經過戰爭的破壞，百廢待舉；而政府才剛從大陸撤來，經濟條件很差，對研究者來說更是不利：既無良好設備，又缺乏足夠的研究資料，外國的新資訊也不容易接觸得到。在這樣貧瘠的環境下，要研究者自己閉門造車，做出高水準的研究工作，根本是非常困難的。

由於接受農復會的補助，規定每個月要交出一篇報告才行。李淳陽自小受日本教育，對中文很陌生，雖然努力自修，但要用中文來寫報告還是很頭痛，一個個方塊字常常擠不出來，使他叫苦連天。他的英文能力雖然不錯，但要寫科學論文也還是吃力。

另外，這時實施「三七五減租」、「耕者有其田」等政策，地主只能保留一小部分農地，其餘要賣給政府，轉售佃農。這使得李淳陽的收入大減。而他僅存的土地也有問題：有時佃農不交租金，身為地主的他仍必須繳納稅金。李淳陽這時的月薪常常還不夠家用，要去哪裡找這筆錢來繳納呢？

這雙重的壓力，使他很痛苦，時常感到胃部疼痛不已。情況越來越嚴重，醫師診斷是初期的胃潰瘍。身體出問題，研究工作進展不順，生活費用傷透腦筋……他想來想去，實在無路可走。

「算了！」他跟太太商量：「我們還是回去農場，自己種菜種花，應該也可以生活罷。」

他決定第二次辭職。先請假一個月，回去把房子建起來再說。沒想到，才剛回到嘉義的家，就接到系主任的電報：有一個去美國進修的計畫，由於他做研究和英文的能力都不錯，所以農復會特別推薦他去申請。

李淳陽的家人全部贊成他去試試看。要去美國考察哩，這機會實在太難得了，在這時候有幾個人能夠出國呢？何況，如果要回家耕作，他真的有那種體力嗎？

李淳陽感到真是哭笑不得。命運好像總是在跟他開玩笑，由不得他自己決定要怎麼做。生命中，一陣陣大風，他似乎只能隨它吹向哪個方向去。

「沒關係，」他這樣對自己說：「不管被吹到哪裡，我都盡最大力量去做就是了。」

第六章

大豆名嘴・果蠅魔術師

李淳陽這種勇於嘗試、不怕失敗的「發明家精神」，別人看來不免會搖頭嘆氣。可是誰也想不到，幾年後，當他開始進行一生最重要的大事時，這種天馬行空的創意，和不屈不撓的幹勁，卻正好大大的派上用場……

大開眼界之旅

李淳陽和三十多位來自政府各機構的研究者，經過三個月的英語會話訓練後，分別出發去美國考察、研習。

從中學開始學英文起，他就對使用這種語文的世界與文化很好奇，現在終於可以實際去體會了。

民國四十二年三月初，他搭飛機抵達美國舊金山，開始長達七個多月的考察行程。從世界各國來的十多位農業研究者、教授等，一起去各大學作短期的見習會，參觀研究所、農場，也到紐約港實習害蟲的檢驗技術。李淳陽對這趟考察抱著很大的期望，最重要的，就是想要學習先進國家怎樣防治各種蟲害，希望能對台灣有所助益。

當他參觀一處農場時，看到果園旁邊的大片土地全都長滿野草，像是荒廢一樣，覺得很奇怪。

「這樣才可以讓土地休息啊，」果園主人回答：「過幾年後，再輪到那塊地來種。」

「啊，這個國家可以讓大片土地白白空著不用，真是富有！」李淳陽在心中驚嘆著：「我們台灣一年要種三、四期，哪可能這樣『揮霍』呢？」

他再繼續考察下去——如果遇到很難防治的蟲害時，他們要怎麼對付？

「很簡單，廢耕就好啦！不要種任何農作物，讓蟲沒辦法活下去。」美國農人都笑著這麼說。

李淳陽又是搖頭咋舌。美國土地廣大，容許這樣「浪費」；可是台灣太小，寸土寸金的，每塊地都必須充分利用，哪有條件學他們呢？

他又看到美國農夫栽培水稻時，無論是播種、灑農藥、施肥料都是使用飛機；收穫時則開著巨大的機器，大面積、快速的收割、運送、烘乾，完全一貫作業。而台灣的稻田全都分割得很小塊，一切也都必須要靠人工慢慢做。簡直是天壤之別。

每天實地考察完畢，晚上回到住處，李淳陽都要整理筆記，寫報告。他每次寫寫，不禁會頹然丟下筆：「美國無論是天然條件或經濟條件都這麼好，我們要怎麼學呢？」他很著急，也很煩惱。

同行有一位義大利籍副教授，每到一間大學參觀，總會去圖書館借出一大堆書，搬回住處。第二天去退還後，立刻又換借另一堆。

「你每次借這麼多書，都看得完嗎？」李淳陽很好奇的問。

「我只是大略翻閱而已，如果覺得真有參考價值的，才去書店買下來，等回國後再仔細研讀。」這位認真的義大利人回答：「來美國最有價值的事，就是可以參觀他們的圖書館——這也是美國所以會強盛的原因之一啊！」

李淳陽覺得很有道理，也跟著做。以前他剛進農試所時，已經從歐美出版的圖書、研究論文的豐碩，體認到西方世界強盛的根基；而這趟旅程，發現不管什麼資料都可以查得到，更讓他大開眼界。

考察的最後一週，去參觀加州大學「生物防治」中心，這是全世界最著名的試驗機構之一。他們利用寄生性昆蟲、捕食性昆蟲或病菌等，去防治害蟲，也就是「以蟲制蟲」的策略。

「這個方法很有用，也很有意義，應該要引入台灣來好好做！」李淳陽在美國繞過一大圈，直到這時，才終於覺得沒有白去一趟了。

回台灣後，他在考察報告上就照實寫，建議應該多多研究利用「天敵」來防治害蟲。可是這時的台灣農業，正開始大量使用殺蟲劑等各種農藥來撲滅害蟲，又快又有效；而「生物防治」卻需要足夠的研究人才，也要花很多時間和研究經費，還不一定能夠奏效。這時的農試所還未具備這些條件和能力，所以他的報告便沒有被採納。

直到二、三十多年後，台灣因為長期遭受大量農藥的危害，土壤污染、生物滅絕、人體健康也受到嚴重影響……大家才逐漸意識到農藥的可怕，也開始重視安全而不會造成環境破壞的「生物防治」了。

母雞・鵪鶉・金絲雀

光復初期，台灣經濟很不理想，公務員的月薪很少，常常只夠一星期的生活而已。所以很多政府機構員工都要另外想辦法，例如多出差，以便能多領出差費；或是做副業、兼差，來貼補家用。

李淳陽這時已有四個孩子，生活花費不小。太太就建議：「養蛋雞吧！」

李淳陽自己動手釘雞籠，試著養了二、三十隻。沒想到突然染上雞瘟，失敗了。再試一次，還是被雞瘟打敗。孩子們吃死雞肉都吃怕了，不得已，要老大、老二各抓一隻沒染上雞瘟的，去市場邊賣賣看，可是半天也賣不掉。

接著，又試著養鵪鶉，也是希望生的蛋可以出售。奇怪的是，別人養的鵪鶉，十隻會生八個蛋，他家養的卻生不到五個，怎麼合算呢？最後乾脆賣給同事烤了吃。

他們還不死心，繼續再試。這次李淳陽釘了一間更大的「鳥仔間」，養金絲雀，這時台灣正風行飼養這種有著美妙歌聲的小鳥。他還聽別人的建議，特地遠去苗栗買雛鳥來養。經過一番折騰，沒想到還是失敗了，「鳥仔間」只好改作倉庫，停放腳踏車。

「你不是常吹牛說會發明嗎？發明不必本錢，還可以致富呀！」有個朋友這樣勸他。

只要有一項發明成功，生活問題就可以解決了。李淳陽一向就是愛動腦筋，自小就想成為愛迪生第二的。

他想起在美國考察時，就曾經研究改良英文打字機的設計，發明了一種自動裝置，可以在打字之前，就預先設定紙張頁底要保留的空間大小。試用結果，比當時國外最新的機種都方便。於是在這時，他就把設計圖找出來，寄給美國打字機大公司Underwood。對方表示很感興趣，考慮要採用，便去查專利紀錄。沒想到，已有人先用相似的原理申請到專利權了。

李淳陽再想其他的點子。有一天，他用橡皮管接水龍頭澆水時，發現如果管口被壓住，強大的水壓就會把接頭處「噴」掉。他試著把接頭處做成螺旋狀，用旋轉的方式接上去，果然就不會被噴掉了。他很興奮，覺得這發明雖小，卻可解決很多人的困擾。不過，有個朋友從日本回來，告訴他在日本已有這種產品上市了。

李淳陽繼續動腦筋。這次他想出一種多用途的「螺絲開關器」，非常方便。他很有把握，就託美國朋友去試試申請專利。沒想到，朋友無意中在加油站看到有人已經在使用這種工具。於是這個夢也就破滅了。

雖然樣樣都沒成功，但他並不洩氣。至少這些專利和產品都證明他的創意還是可行，並不是胡思亂想。所以他照樣還是喜歡動腦想，動手做。

李淳陽這種勇於嘗試、不怕失敗的「發明家精神」，別人看來不免會搖頭嘆氣。可是誰也想不到，幾年後，當他開始進行一生最重要的「大事」時，這種天馬行空的創意，和不屈不撓的幹勁，卻正好大大的派上用場。

子彈研究家

民國四〇年代的台灣還未禁獵，有不少人喜歡帶著獵槍到野外去打雉雞、斑鳩、山豬等。李淳陽從美國也買回一把散彈獵槍，子彈很快就用完了。他想：「子彈消耗太快，又不便宜，我何不自己來做呢？」

自製子彈？這簡直是在開玩笑吧？

可是李淳陽想到做到，立刻查閱相關資料，興致勃勃的就動手了。他先來試驗美國的製法——把鉛液從高樓上滴落下來，由於表面張力的作用，鉛液在冷卻過程中會變成圓形，就跟子彈一樣了。問題是：他只能利用農試所的頂樓來做實驗，大約是三層樓高；由於高度不足，鉛液在空中停留的時間不夠，所以每一顆都會帶著一條細細的尾巴。他試著用盆子分別裝水、油或灰去接，都不成功。

接著，他再試義大利的製法——用兩個圓柱形的滾筒，表面上挖出許多半球形的小孔，當兩滾筒互相輾壓時，把鉛片伸進去，就可以壓出一個個球形的鉛彈來。他跟鐵工廠的師傅研究許久，覺得很可行，可惜估價後，發現成本太高，不合算。

李淳陽處處碰壁，還是不灰心，還要繼續再試。

有一次，太太的縫紉機故障，他一邊修理，一邊研究縫紉機的構造、原理，突然靈光一現：「如果把車針換成刀片，然後把鉛線從底下伸過去，當刀片不停的上下切時，就可以切成一個個大小差不多的鉛塊，再想辦法搓成圓球形，不就變成子彈了嗎？」

他立刻去買一台中古縫紉機，拆開來改裝，又把速度減慢。然後訂做「斷面」是四角形的鉛線，讓縫紉機的刀切出同等大小的小方塊；再用兩個圓盤，像「搓湯圓」一樣的搓動，果然可以把小方塊搓成球形的子彈！

經過不斷的實驗、改良，果真做出圓滾滾的子彈。送給幾位獵友試打後，大家都很滿意，甚至覺得比美國製品更棒，紛紛向他大量訂購。

於是，李淳陽就開始做起子彈生意了。愛打獵的人需要大量子彈，他和太太每晚加班忙著做，仍然供不應求。為了大量製造，他用腳踏車聯結縫紉機，讓太太上車踩，來轉動縫紉機，又快又省力。

訂購的人越來越多，收入大增，生活也跟著改善。大家都勸他添購更多更好的設備，擴大營業。李淳陽自己也覺得好笑，沒想到東試西試的，竟然搖身一變，就要成為「子彈大亨」了。

巡迴全台的大豆名嘴

就在李淳陽忙著進行他的新事業時，和子彈同樣圓滾滾的大豆，卻正使台灣的農業試驗機構傷透腦筋。

大豆就是一般通稱的黃豆，由於含有蛋白質、油脂等豐富營養，被廣泛製成豆腐、豆漿、豆豉、醬油……等食品，是生活中不可或缺的糧食。這時政府正想要大量推廣種植、生產，以便減少進口，節省寶貴的外匯。問題是：農民一播種，一星期後就會被蟲吃得光光的。要如何解決呢？農復會希望李淳陽來做這項研究。

「這工作確實很有意義，可以幫助很多農民改善生活。」他思考著：「可是，如果要做，就一定要徹底的，全力以赴才行。」

這就傷腦筋了，他的「子彈事業」才正要蓬勃發展哩！

獵友們聽說他考慮要停止製造子彈，都很吃驚，也大呼可惜：「你真是太笨了，這種生意可以讓你發財，為何不繼續賺呢？」

其實他們都不了解李淳陽。他從未把「賺錢」放在首位來思考事情的。

「我能去美國考察，是農復會的的推薦；而且這回是歐世璜來找我幫忙，我怎能推辭呢？」李淳陽認真考慮後，於是就毅然決然的，把前景一片大好的「子彈事業」停掉，全心全意接下這個挑戰。

這項大豆研究，李淳陽面臨的挑戰是：到底是什麼蟲吃的？牠們是怎麼危害的？要怎樣來防治？

沒有現成的資料可以參考，他只能摸索著做。李淳陽仔細的研究，才發現原來是幾種非常小的「潛蠅」作怪。當大豆萌芽後，大約一星期，本葉一張開，這些潛蠅就會潛入莖和根去吃。很快的，整株大豆就枯萎死亡了。

研究清楚後，他就試驗各種農藥，分別噴灑在大豆株上，每週都去剝開來，看看蟲有沒有被殺死。最後，證明「安特靈」農藥最有效。

為了大量推廣，農業單位要到各地辦講習會，跟各農會、縣政府的人解說，讓他們可以去指導農民種植。通常這種講習會都是口頭演講，講者只是應付了事，聽眾因為是奉命出差，也覺得枯燥乏味，常常會偷溜出去看電影，要不然就乾脆趴在座位上睡覺。

李淳陽就完全不同了。他想：「講習會要有功效，就要讓大家都能聽得清楚明白，而且一定要能引起興趣才行。」

於是，他先做了一張「種植時間表」：播種後多久要噴什麼藥，下一回則是多久再噴……一直到收成。同時也解釋為何要這樣做，還配上真實的圖片。這張表簡單明瞭，每個農夫都看得懂，只要照著做，都能夠有好收成，再也不怕播種後死光光了。

接著，他還要在會場上放映幻燈片，讓大家看清楚「罪魁禍首」到底是什麼模樣。潛蠅非常小，只有火柴頭大小而已，不能光用嘴巴形容，必須要讓大家真的看得到影像才能辨識牠們。

李淳陽所擅長的照相技術立刻就派上用場了。不過，這時的照相機還沒有近攝鏡頭，普通相機鏡頭最近只能拍一公尺左右，要再近的距離就不行了。無法把那麼小的昆蟲拍得清楚，怎麼辨呢？

李淳陽一向愛動腦、愛實驗，怪點子又多，這種事當然難不倒他。試了又試，果然解決了——用老花眼鏡！

他使用的雙鏡頭相機，上面的鏡頭是對焦用，下面的鏡頭才是真正拍照的。他先把老花眼鏡套住上面鏡頭，對準焦點，這樣可以對得很近；然後再把相機小心的往上提，用下面的鏡頭拍下來。

這個異想天開的克難方法，竟然解決了棘手問題。當他在講習會上用放映機放出影像來時，大家都驚叫起來：「那麼小的潛蠅，你怎麼能拍得這麼清楚？而且又是拍活的，不是死標本！」

不僅這樣，由於他在研究過程中，每個步驟都是自己動手，所以他所講的全是親身經驗；而他每一場也都很認真的講，絕不敷衍馬虎。

「不過是普通的講習會嘛，你何必大費周章，把自己搞得那麼累呢？」同事們總是這樣勸他。

李淳陽就是這種個性，要做的話就徹徹底底的做；若不想做，就完全不幹。

難怪每回輪到李淳陽的講習會時，以往常會溜出去看電影的人，都乖乖的自動回來聽；本來趴在桌上打瞌睡的人，也都會清醒過來，聽得津津有味。

講習會很頻繁。有一次，他從基隆開始講起，一路往南，一直講到恆春；然後再轉向台東、花蓮、宜蘭，等於全台灣巡迴一遍，整整花了兩三個星期。他簡直是變成熱門的「名嘴」了。

「老李，你現在名聲響遍台灣頭到台灣尾，男女老幼都認識你哩！」有個同事對他這樣說。

的確，這時農民種植大豆的收入，要比種水稻多好幾倍，難怪全台灣都引起熱潮。由於種植技術的改進和積極的推廣，在短短幾年間，台灣大豆的種植面積和生產量都增加了三、四倍，非常可觀。

迷倒專家的果蠅魔術師

幫大豆農夫解決了問題，接下來，李淳陽要去柑橘果園協助果農了。

民國四〇年代的台灣，正準備要向日本外銷柑橘，最重要的關鍵就在於：如果被檢驗出來果實內有果蠅的話，日本就會拒絕進口，對台灣的外銷影響重大。政府很緊張，下令一年內要解決這個問題。

這任務又交到李淳陽手上。他研讀國外的研究報告，發現夏威夷已經研究出一種防治的方法：在香料中加入一種農藥，只要果蠅一沾上，就會死翹翹了。這種農藥很有效，可是毒性太強。李淳陽就做各種實驗，找出毒性較低的另一種農藥，既有相同功效，對人體又比較安全，可以大量推廣。

檢驗成果的日子到了。農復會的美國顧問們和多位美國農業專家要去新埔考察柑橘園，上司就要求李淳陽去現場「表演」。這是會決定台灣能否有效防治果蠅的關鍵，上司再三的叮嚀絕不可以「漏氣」。

這天在果農家裡，李淳陽把「誘殺瓶」取出來對大家說明。才一下子，外面的果蠅就迫不及待的紛紛飛進屋內來了。

「哇！不得了！」在場的每個人全都驚奇的叫起來：「真厲害！這麼快就把果蠅吸引過來了。」

李淳陽把農藥浸泡在棉花裡，和香料一起裝在誘殺瓶中。只見果蠅倏地飛過來，一沾到棉花，立刻就倒下去。大家看得目瞪口呆。

接著，到外面果園實地去試。他在柑橘樹上吊了幾瓶，同樣的，更多的果蠅飛撲過來，每個瓶子裡很快的又都是一堆死果蠅。這場表演像變魔術一樣，讓大家都很滿意。

李淳陽覺得自己的研究成果，能夠幫農民和國家解決問題，感到很欣慰。可是沒想到，有個上級主管卻跟他說：「你的這個方法很好，不過，你就做到這裡，接下去讓別人繼續做罷。」

他雖然不太明白，可是既然已經做出結果了，他可以放手，再去挑戰別的研究。

「你真笨！」朋友們知道了，都替他惋惜：「這種農藥進口後，分裝小瓶出售，會有百倍利潤哩！而且果農都會爭相購買，多好賺啊！」

原來這裡面有著很大的商業利益，難怪別人會搶著要做。可是，李淳陽會回到農試所做研究，是因為當年自己在耕作時，體會到蟲害的痛苦，所以發願要來幫農民解決問題。如果只是想要賺錢的話，他去製造子彈就可以過舒服日子，何必這麼辛苦的做研究呢？

他向柑橘園告別，繼續朝下一個研究目標前進。

第七章

石破天驚大發現

花了一年時間，李淳陽的研究結果，認定安特靈確實有「滲透移行性」！這真是石破天驚的大發現，在這之前，從來沒有人認為安特靈竟會有這樣可怕的特性……

二十九年的價值

「糟糕啦，這下子農藥一定都被沖光光了！」李淳陽望著越來越強的風雨，這麼想。

這是他正在忙著做大豆害蟲研究的期間，有一次，早上剛對大豆試驗田噴過「安特靈」農藥，不料下午就有颱風來了，而且接連兩三天都是下大雨。他心想這下子試驗完蛋了。

過了三、四星期，他再去探望這塊田。

「咦？怎麼潛蠅幼蟲還是都被殺死了？」他非常驚訝：「安特靈噴過後，明明已經被幾天的大風雨沖洗過，為什麼還會這麼有效呢？」

他蹲在大豆田邊，思索這個奇怪的現象：「這種農藥，難道不只是會附著在農作物的外表，還會滲進去裡面嗎？」

安特靈是這時使用最普遍的農藥，公認最有效、最持久。但是為什麼呢？大家卻不太清楚，只猜想可能是因為噴灑到昆蟲身上，牠們才會死去。從來沒有人認為這種農藥會滲進植物體內的。如果它真的有滲透性的作用，那就太可怕了！

李淳陽決定揭開這個大謎底。

這時的台灣，還沒有人做過大豆害蟲的研究。他查日本的文獻，才知道潛蠅至少有三種：潛根蠅和潛莖蠅的危害最嚴重，潛葉蠅的影響則不大。於是他開始摸索著做這研究。

起先，連這些潛蠅的卵藏在哪裡都不知道，因為實在太小了。他和助理洪文堯不停的仔細翻找，每片葉子、整株莖上、根部……全都不放過，還是找不到。最後耐心的撥開新芽，在細密如絲般的地方，終於找到潛根蠅的卵了。

可是潛莖蠅的卵一直找不到。後來他們發現葉子背面表皮好像有個極小極小的破洞，小心掀開來，果然有個卵在裡面。

接下來，李淳陽就開始做一系列的研究，測試安特靈是如何產生效用的——

在大豆萌芽後，他先在芽心上滴上一滴安特靈，過兩小時後剪掉芽心。等它又長出兩枝新芽後，剪去一枝，只留下另一枝，讓潛莖蠅在上面產卵。這樣，等幼蟲孵化出來，鑽進去豆莖內後，只要再剝開來，看看幼蟲會死在哪個部位，就知道農藥已經「滲透移行」到哪裡了。

當兩三個星期後，李淳陽把新長出的豆莖剝開時，大吃一驚：無論是上段、中段或下段，裡面的每一隻潛蠅幼蟲全都死了！

這就代表著：在先前滴藥後那短短的兩小時中，農藥不但已經「鑽」進去組織裡面，而且還會「移行」到新長出的豆莖內，使得整株都有農藥了。所以幼蟲不管潛到什麼部位，只要一吃，就會死亡。那一點點的農藥，竟然可以保持這麼久的作用，而且還會移動，可見有多麼可怕！

接著，他又繼續做各種測試：噴灑後，氣味會不會對潛蠅有影響？能不能殺死成蟲？……每個可能的問題都一一去實驗。

李淳陽為了要確實的了解，每個步驟都親自動手，和助理、技工一起到田裡噴藥；經過一星期、兩星期、三星期……每個時段都要剝開大豆的枝條來檢查，看看蟲有沒有死。而且每一枝都要剝，一點也不能馬虎混過。

在這項研究的過程，他不禁會感念中學時的「老大」老師。那時在博物課上，老師教導的「徹底質疑」精神，以及去野外實地觀察時的「實事求是」的要求，這些珍貴的教導一直使他受用不盡；而在這時，他體會得更是深刻。

由於他都是自己動手噴農藥、剝大豆、記錄結果、拍照……，所以更能夠透徹的了解和掌握。在剝過千枝、萬枝之後，有著豐富而踏實的經驗，李淳陽在田間只要稍微看一下，當然就能知道有沒有遭受潛蠅危害了。

做這研究非常辛苦，尤其是在酷熱的夏天，連中午也沒時間休息，不停的剝，仔細的查看潛蠅幼蟲死在什麼地方。由於數量太多，只好和助理整天剝，一直剝，連晚上也必須加班。

有一天，李淳陽剝得頭昏眼花，口很渴，順手從桌上抓了杯子要喝水，杯子到了嘴邊，正要仰頭喝下，忽然感覺杯子形狀怪怪的，連忙停住，再一看，竟然是鋼筆墨水瓶！

花了一年時間，李淳陽的研究結果，認定安特靈確實有「滲透移行性」！這真是石破天驚的大發現，在這之前，從來沒有人認為安特靈竟會有這樣可怕的特性。

由於有滲透性，所以噴灑安特靈後，可以保持較長久的功效，可是對人體的害處卻非常嚴重。一般農作物噴藥後，如果採收的時間過早，農藥還會殘留在裡面，人們吃下去後，健康當然會受到損害。而且，大家總是認為農藥只會附著在蔬菜、水果的外皮，只要多洗幾次就可以除掉；如果它會滲透到組織內，那麼，用什麼洗潔劑、洗多少次，或是多麼用力洗，其實都無法去除乾淨的。

「這是新發現！是很有價值的事啊！」山本教授很興奮的對李淳陽說。

他是「東京農業大學」的教授，也是世界知名的農藥權威，常會來台灣。一聽完李淳陽的解說，山本教授立刻建議：「你再從頭做一遍，如果確認沒錯，就可以拿去學校『教授會』審查，申請博士學位。」

這時日本的博士學位有兩種：一是讀研究所；一是自己研究，提出論文來審查，如果校方認為具有博士的學力，就可以頒授學位。

李淳陽再花了一年功夫，重做一次，結果無誤。民國五十年，他便以這個研究，獲得母校東京農業大學的農學博士學位。同時，這篇研究報告也刊登在美國《經濟昆蟲學期刊》，引起全世界的重視。不久，美國「食品暨藥物管理局」就把安特靈禁用了。

這個研究造成的迴響一直持續不斷。

農試所台南分所一位研究員去日本京都大學實習，系主任石井教授指著這篇論文，對他說：「你們台灣這個研究者，在那麼惡劣的環境，能夠做出這樣的成果來，真是很不得了。」

這位研究員回台灣後，特地來拜訪李淳陽，向他道謝：「因為你，我們去實習的台灣人都覺得很有面子哩！」

研究既已做出結果，而且也使那種農藥被禁用，照理說，這篇論文也就沒什麼用處了。但是有位來自美國的台大客座教授，卻對學生特別推薦說：「李先生這篇論文，有『二十九年的價值』。」

原來在美國人的習慣用法中，「二十九」是代表著「很多很多」的意思。這位教授強調：這篇論文可以做為科學研究的典範，因為實驗的方法簡單而巧妙，每個步驟都很完整，分析解說又清楚詳細，一步一步的推論，整個過程都嚴密而徹底，非常具有參考、學習的價值，所以不會被淘汰。

「這對你們會是很好的一課，」教授說：「像李先生，完全沒有依賴化學分析，也沒有各種儀器設備，就只用『生物測定』的方法，動腦筋去突破，一樣做得出優秀的研究來。」

學生聽外國教授這麼推崇，很好奇，還特地跑到農試所來找李淳陽，要向他請教如何才能做出「二十九年價值」的研究哩。

你要弄破我們的飯碗嗎？

在這時，有一種通稱為「臭酦藥」的BHC農藥，和安特靈同樣都被農民普遍使用。日本研究者發現：如果稻田中的水灑過這種藥粉，螟蟲就會死亡。可是它很難溶於水中，為什麼會有殺蟲的效果呢？

有兩種不同意見：一種認為是被稻根吸收進去；另一種則認為是稻莖的「毛細管」作用，就像水滴到紙上會暈染開來一樣。這兩種說法相持不下，爭論十多年沒有結論。

對於農夫來說，這樣就很麻煩了：在施用BHC藥粉時，到底田中的水要多高呢？如果是稻根會吸收，水只要淺淺的就可以；如果是「毛細管」作用，那麼水位就要高到稻莖部位才行。到底要怎樣才好呢？

這時日本和美國的研究者一向認為台灣的農業研究落後，不太看得起。偏偏李淳陽卻不服氣，他想：「日本人花十多年都搞不清楚的問題，我也來挑戰看看吧！」

首先，必須想辦法把水田中的稻莖和根部能夠「隔離」開來，分別實驗才行。

於是，怪點子特多的李淳陽，又想出一種絕妙的方法來了——他用一個玻璃皿，先在中間挖一個洞，在洞口內放入一個中空的「橡皮輪」；把這個玻璃皿放在花盆中，然後將稻穀播在「橡皮輪」中空的部位。當稻子發芽、長出來後，就把這個玻璃皿洞口的「橡皮輪」撐擠得非常緊密，差不多可以讓水漏不下去。然後，他又在橡皮輪上方的稻莖抹上厚厚的凡士林，加強隔絕的功能。這樣一來，應該就不會滲水了。（見左頁圖①）

但是還是要測試看看：到底玻璃皿中的水會不會滲到底下花盆去？

李淳陽想到另一個怪點子。以前他在做大豆研究時，時常會親自下田，他看到用剩的「安特靈」罐子丟在田埂邊，有少許流入水溝中，結果水中的大肚魚全都死光了。

「哦，原來大肚魚這麼敏感！只要一點點農藥，就會被毒死。」

這引發李淳陽思考：如果想要知道水中有沒有農藥的毒性，用大肚魚來測試就可以，不必用化學分析，因為到了某一程度，這時的化學分析技術就測不出來了。

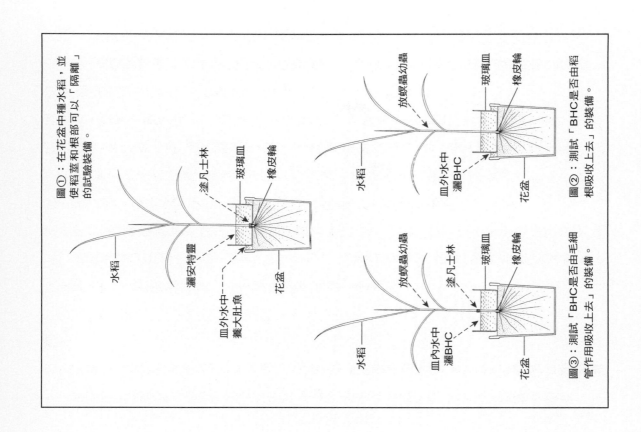

圖①：在花盆中種水稻，並使稻莖和根部可以「隔離」的試驗裝備。

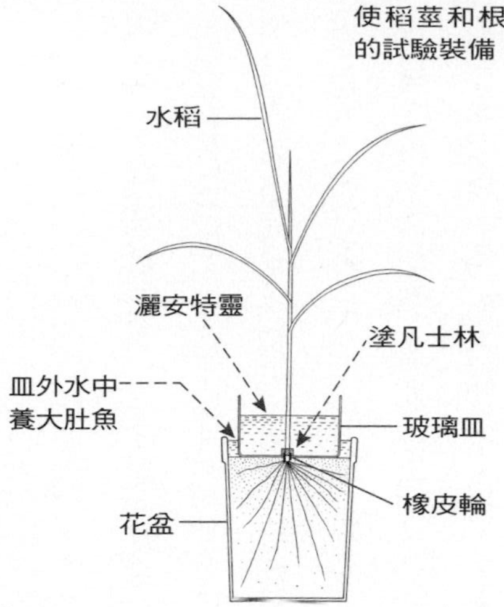

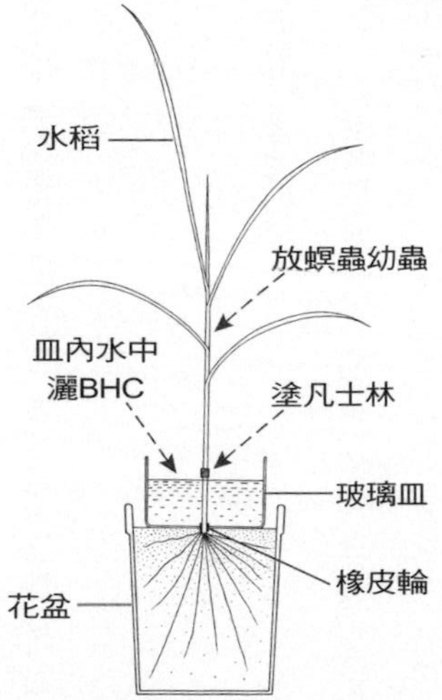

圖③：測試「BHC是否由毛細管作用吸收上去」的裝備。

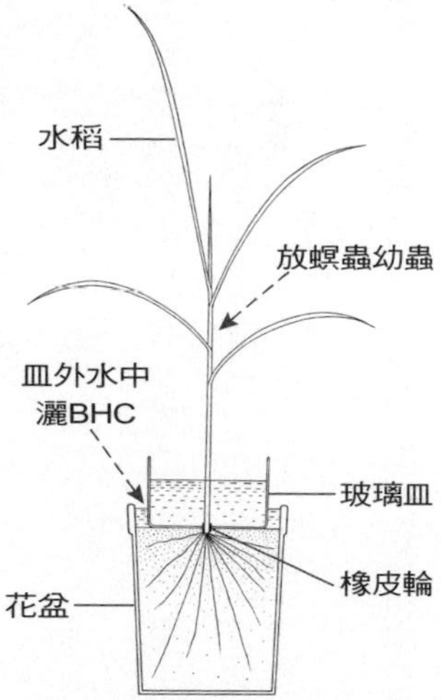

圖②：測試「BHC是否由稻根吸收上去」的裝備。

他把大肚魚養在玻璃皿外的花盆水中，然後在玻璃皿內灑下安特靈。結果，花盆水中的大肚魚仍然都活得好好的，証明水並不會流到底下去，這樣就可以來做實驗了。

現在，先來測試BHC是不是由稻根吸收上去的。

他把BHC噴灑在玻璃皿外的花盆水中，然後把剛孵化的螟蟲幼蟲放在稻莖上，讓牠們侵入莖內咬食。結果發現：牠們都沒有死！這就代表著：不會由根部吸收農藥；就算會，也是極少，不會殺死螟蟲的幼蟲。（見前頁圖②）

那麼，再來測測看：農藥是由「毛細管作用」上去的嗎？

他在水面以上的稻莖抹凡士林，不讓有農藥的水藉著「暈染」的作用上去；再把BHC噴灑在玻璃皿內。結果，稻莖內的螟蟲幼蟲還是都死了！這就代表著：並不是毛細管作用造成的。（見前頁圖③）

李淳陽的實驗，證明原來大家全都錯了：既不是從根部，也不是藉由毛細管，而是直接浸透入組織內，移行上去的！

所以，農夫們不必再煩惱了，田中只要有一點水就可以。不過，既然會「浸透」，也是毒性很強的，還是不用為妙。

李淳陽的這篇研究論文跟上回的安特靈一樣，也在美國的《經濟昆蟲學期刊》上刊載，同樣引起全世界的重視。不久後，BHC也就跟安特靈同樣命運，都被美國「食品暨藥物管理局」禁用了。

在這時期，幾間外國化學製藥公司的主管來台時，常會來找李淳陽聊天，他們半擔心半玩笑的對他說：「都是你害得我們的生意丟掉一大半！所以要緊緊盯著你，看看你正在做什麼研究，是不是又要把我們的飯碗打破了？」

和先前的大豆研究類似，在做這個水稻的研究過程中，為了要知道螟蟲有沒有死、死在哪個位置……，每次在噴過農藥後，必須要在不同的時間，分別把每枝稻莖都剝開來檢查、記錄。李淳陽和助理常常不眠不休的，一百枝、一千枝、一萬枝……一直剝著。

有些研究者可不是這樣做。他們在各區分別噴過不同農藥後，就可以休息了。

等到收成時，去統計各區的稻穀收穫多少，再跟沒噴過藥的田地來比較。這樣做出的實驗結果，當然不太可靠，因為會危害水稻的害蟲有很多種，像這樣籠統、粗率的計算，哪裡可行呢？李淳陽是絕對不用這種方法來做試驗的。

在堅持與妥協之間

從民國四十二年到五十六年，是李淳陽研究工作的黃金歲月。他對大豆、柑橘和水稻害蟲的傑出研究，使得Sung-Yang Lee成為國際農業昆蟲界熟知的姓名。當農業界的人士去國外考察、開會或研習時，常會聽到對方說：「你來自台灣？啊，我知道台灣——有一位Sung-Yang Lee博士……」

這時期的李淳陽，連續在美國的《經濟昆蟲學期刊》上發表多篇研究論文，正是他最成熟、最有創意、經驗最豐富的時候。國科會和農復會也非常重視他，對於他所提出的研究計畫、申請的經費、實驗室要增添什麼設備……全都大力支持。

李淳陽專注在研究工作上，堅持照著自己的原則和方式進行，絲毫不在意周遭的情勢變化，也沒有料到一場巨大的風暴正逐漸形成。

他自小就養成喜歡批評、辯論的習慣，從來也沒改變過，甚至在研究工作上，發揮得更是徹底。他總是對同事們這麼說：「研究工作本來就是『追求真理』的過程，應該要就事論事，怎麼可以顧慮情面？」

尤其在學術討論上，他更是直言不諱，針對各項疑點緊緊追問，不免就會讓對方尷尬、困窘，下不了台。即使面對上級長官，他也一樣毫不留情，根本不在乎是否會得罪或甚至遭到對方記恨。久而久之，他逐漸陷入被排擠、冷落的困境。

有一次，他做過一項農藥測試，詳細分析各種農藥的效用。沒想到農復會的官員卻故意忽視，不肯採納他的研究結果，反而為了私利，要向農民推薦次級品。李淳陽非常生氣：「明明這種次級品功效差，為什麼要昧著良心賣給農民呢？」

他強力抗議，堅持不肯妥協：「我辛苦做試驗，可是根本不被重視，那我的研究不都是白做了嗎？不如不幹算了！」

李淳陽回想起他在小學畢業時，被無理更改名次的憤怒；以及考大學時，被欺騙而落榜的經驗。當時他曾對自己立誓：「在這個欺騙的現實世界，一定要堅持做『實在的人』。」三、四十年來，他未曾忘懷，一直都是這樣提醒自己、要求自己而走過來的。

長久以來，他一直都看不慣上級長官種種不合理的作風，堅持不肯同流合污。而過去在農復會中最支持他的歐世璜，也已經離開台灣，改任他職，其實他早已孤立無援。到了這時，李淳陽再也忍受不住了，他決心「一刀兩斷」：不再向國科會申請技術津貼，也不再接農復會的研究計畫。

從此，所有的研究經費就斷絕了，生活又開始發生問題。他已經四十六歲，家中四個孩子正就讀大學和中學，學費、生活費的日常開支不小，單靠他微薄的月薪，其實也勉強只夠一星期開銷而已。

「沒關係，」他安慰太太：「我們再來想想有什麼可以做的，反正老天爺是不會斷人生路的。」

雖然他堅持原則，充滿理想，可是現實生活眼看馬上就要面臨困難了。怎麼辦呢？

第八章

昆蟲電影大夢

「小小的昆蟲也有牠們自己的世界，」李淳陽想：「如果我能用攝影機拍成電影，讓人類透過昆蟲來對大自然有更多的了解，這樣，世界也會往和諧的境界更邁進一步吧！」……

想要拍電影嗎？

「你要不要來拍害蟲影片？」一位美國朋友知道李淳陽的困境後，這麼問。「拍電影？」他的眼睛立刻亮了起來。

原來，外國的化學製藥公司想推銷各種農藥給台灣農民，非常需要本地害蟲的影片來做宣傳、廣告。李淳陽做過多年的害蟲研究，是真正的專家，而且照相功夫又十分了得，當然是最恰當的人選。

朋友的這個建議，沒想到竟然改變了李淳陽的後半生。

這項建議會讓李淳陽那麼動心，想改善日漸窘迫的家中經濟還是其次，最吸引他的卻是：可以趁這機會來拍電影，一圓多年來的夢想！

自小就對照相非常著迷的他，一直都只是拍單張的照片，雖然也有機會用八釐米攝影機拍過家庭或朋友相聚的紀念影片，但也只是業餘的消遣而已。現在要拍的卻是專業的十六釐米影片，怎不讓他躍躍欲試呢？

不過，拍攝十六釐米影片的專業攝影機非常昂貴，而且還得托朋友到香港買。李淳陽把家中所有現金湊起來算算，剛剛好足夠買一台。

「可是，這些錢用掉了，萬一臨時有緊急需要，怎麼辦？算了，還是不要冒險吧！」他猶豫著：「不買嗎？真不甘心！如果錯過這次，也許這輩子再也沒機會買攝影機拍影片了。」

他不斷掙扎著。最後，還是忍痛決定：放棄！

那位朋友即將前往香港，正在旅館等他答覆。已經死心的李淳陽打電話去，一開口，沒想到竟然會是衝口就說：「好！幫我買吧！」

連他自己都嚇了一大跳。話既出口，也來不及收回了。

就這樣，買來攝影機，不顧一切的開始拍了。

首先，拍一種會吃番薯的「象鼻蟲」。影片大約只需要五分鐘長度，由於他的技術、經驗都不足，手忙腳亂的試了又試，整整忙了一個月。最後，由他寫旁白，讓助理洪文堯來唸。為了要讓農民觀賞時更感興趣，他還去買了一張台灣傳統音樂的唱片來配樂，鑼鼓鏗鏗鼕鼕的，好不熱鬧。

這捲初試身手的處女作，沒想到客戶很滿意，於是就繼續拍水稻、柑橘的各種害蟲。外國公司給的酬勞確實很豐厚，李太太把錢存進銀行中生利息，生活有所改善，總算比較安心些了。

這條路，看來也會是很有可為的致富之道。可是，李淳陽卻並不覺得開心。「只是為營利的化學製藥公司拍這種宣傳影片，實在沒有多大意思。」他邊拍邊想：「我不想要只是為錢而拍，應該要拍更有意義的影片才對。」

他很喜歡攝影，也對昆蟲有興趣、有研究，可是，「有意義的影片」到底會是什麼呢？

沙漠中的奇觀

「喂，我們也來拍這種影片吧！」李淳陽興沖沖的對助理洪文堯說。

「什麼？要拍『沙漠奇觀』？」洪文堯瞪大眼睛張大嘴：「哪有可能啊！」

「沙漠奇觀」是美國迪士尼公司所攝製的自然科學紀錄片，在全世界各地上映時都造成極大轟動。台灣也不例外，僅僅在台北就連續上映一個多月。李淳陽帶孩子們去看了兩次，非常震撼、感動。

在人們印象中，沙漠荒涼可怕，根本不可能有什麼生物存活。沒想到，在這影片中卻出現非常豐富而奇特的動植物生態，令人歎為觀止。

「這就是『真正有意義的影片』啊！」李淳陽在電影院中興奮的想著：「要讓人們了解『即使在看起來無足為奇的地方，其實也有著很多珍貴的世界』！」

他決定要拍一部昆蟲影片。昆蟲就是一般人覺得「沒什麼了不起嘛」的世界，誰知道其實牠們也有著令人驚異的奇妙天地哩。

他在一本日本攝影雜誌上，讀到一位佛像雕刻家松久朋琳的文章，大意是說：

人類最珍貴的寶藏，存在於大自然之中；當人們打開心靈之窗，與大自然融為一體時，真正的愛就會滋生出來。

這也正是李淳陽的信念，他趕緊在筆記本的最前頁抄記下來。

「小小的昆蟲也有牠們自己的世界，」他想：「如果我能用攝影機拍成電影，讓人類透過昆蟲來對大自然有更多的了解，這樣，世界也會往和諧的境界更邁進一步吧！」

台灣本來就有「昆蟲王國」的美稱，由於溫暖潮濕的氣候，變化多端的地形，加上豐富繁茂的植物，使得昆蟲的種類和數量都非常驚人。

李淳陽從過去多年觀察、研究昆蟲的經驗中，深刻體會到牠們也同樣有著奧妙無比的生活，以及令人難以置信的行為。可是一般人卻因為昆蟲太微不足道，形狀又太怪異，就不願花時間、心力去接近，甚至會誤解和嫌棄牠們。

「我們可以把昆蟲真正的生活好好拍出來，讓大家大開眼界！」李淳陽興奮的計畫著。

洪文堯看他認真的表情，一點也不像在開玩笑，不禁搖頭嘆氣：「我們哪有可能做得到？光是一隻蟲，就拍得很辛苦了，要想拍出『沙漠奇觀』那樣，簡直是做夢嘛。」

他跟隨李淳陽做研究已經好幾年了，對李淳陽執拗的個性和堅持的工作習慣非常了解：一旦李淳陽決定要做一件事，就非得徹底完成不可，無論是誰的勸阻也不會改變；加上他的要求又特別認真嚴格，想想就令人膽寒。

李淳陽自己當然也明白這會是無比艱難的工作。像「沙漠奇觀」這部影片，不知要出動多少攝影師和助手群，長期不分日夜的在現場守候，而且還得要有雄厚充裕的經費支持才可能做得到。

不過，對李淳陽來說，現在既然生活無虞，又出現了這個目標，不試試看怎麼會甘心呢？

他動手擬定詳細的拍攝計畫——先列出昆蟲的各項行為：牠們住在何處？吃些什麼？怎麼吃？如何自衛？如何求愛、交配？怎樣照顧下一代？怎樣蛻皮、化蛹？

……最後，大部分的昆蟲長出翅膀，可以自由自在的飛翔了……。

接著，他要為每項行為選定「最佳演員」，讓牠們在影片中演出精采的鏡頭。例如「吃」，有的是用咬的，有的用吸的，也有用舐的……每一種都要找出最有代表性的昆蟲；同時，還要一一列出：哪種比較容易找得到？到哪裡去找？哪種比較好養？……

拍攝計畫擬好，總共訂出兩百三十種昆蟲，列成一張大表。他把二十多年來對於昆蟲所累積的觀察、研究知識，甚至加上以前四處打獵時留意到的，全都派上用場了。

他興致勃勃的，只顧照著最理想的標準去定計畫。可是，這會是多大、多久、多艱鉅的工程呢？他將會為此付出什麼樣的代價呢？……這時候的李淳陽，根本是毫不考慮的。

他雖有多年的拍照經驗，加上拍過一年多害蟲宣傳影片，可是真正的「電影」，需要考慮到影像的移動、鏡頭的變化、場景的銜接……等等，全都是非常專門的學問，他必須從頭再詳加研究、學習才行。

李淳陽託美國朋友買來一些拍電影的專業書籍，開始一一苦讀。另外又訂閱專業的外國電影雜誌，每期都從頭到尾仔細研讀，連攝影機的廣告也不放過。他逼自己在最短時間內，研究清楚器材用法、底片性質、燈光安排、拍攝技術、電影構成原則……等等，一步步摸索著。

同時，他也買底片來試拍。一捲底片才只有兩分四十五秒，卻要兩千多元！也就是說，每當他按下快門十秒鐘，單單是底片費就要花掉大約一百多元！拍好寄去國外沖洗的費用加上郵費，又差不多要同樣的花費。

「哇，這麼貴啊？我一個月的薪水，才只夠拍兩三捲底片？這樣拍下去，豈不是真的要傾家蕩產了嗎？」李淳陽不禁猶豫起來了：「到底該不該拍呢？」

最後，他還是決定不顧一切，拍！

還是自己動手吧！

進行一段時間後，李淳陽發現原先使用的攝影機有些問題，拍出來的效果也不如他要求的理想，一向講究完美的他無法忍受，就狠下心，再花錢換一台最好的專業攝影機Arriflex。

這時又有大難題出現了。一般昆蟲都很小，必須把鏡頭靠得非常近，才能拍得大而清楚，這就需要在攝影機上先裝「接寫環」，再接上鏡頭才行。可是，昆蟲的動作很快，要臨時換鏡頭或加上接寫環，常常會來不及，精采鏡頭就錯過了。最好是能夠有一種遠近距離都能拍的「接寫鏡頭」，可以在剎那間隨需要而調整焦距。

鏡頭的優劣會嚴重影響影片的品質，他試用過當時各種專業用的鏡頭，把拍出的影片用十倍大的放大鏡來仔細檢查，比較後，發現英國Cooke牌鏡頭解像力最佳。可是，如果要把這鏡頭裝上他的攝影機，卻沒有現成合適的「接寫環」。

「好！我來設計這個『接寫鏡頭』吧！」李淳陽大膽的決定自己來動手。

他先是把Cooke牌鏡頭的設計圖徹底研究清楚，再配合Arriflex攝影機的規格和性能，畫出合適的接寫環設計圖：最外層是不鏽鋼環，讓手在抓住時很方便轉動；中間有三層黑色的硬錫環，層層相套，在轉動時可讓鏡頭前後伸縮，調整焦距。這樣既可拍得又近又清晰，也非常方便。

如果真的能夠做得出來，就太理想了。

他先找一位鐵工師傅製好外層不鏽鋼環。可是，中間的三層硬錫環實在太過於精密，尺寸只差一點點就會拍得不清楚，還是必須找專業的攝影機製造廠來做才行。

李淳陽問遍了美國、德國的製造廠，不是開價高到他付不起，要不然就是沒空檔。最後，總算有間日本製造廠答應了。幾經挫折的李淳陽，真是喜出望外，立刻就將設計圖寄去。

等了許久，終於做好寄來，李淳陽急切的立刻試拍。

「咦？怎麼拍出來的影像都是糊的？根本看不清楚嘛！」

他趕緊拆開來仔細檢查：原來最中間那一環，比他原先設計的規格多了十分之一公分！雖然就只差這麼一點點，可是焦距就對不準，當然拍起來會不夠清晰。

這下子，李淳陽又像從雲端重重摔了下來！

對方承認失誤，退還一半費用，請他自己想辦法在台灣找工廠師傅，把多出來的那部分磨掉。講起來很簡單，可是這卻是精細無比的工夫，稍微磨過頭或磨不均勻，就前功盡棄了。

「最最保險的方式，還是我自己動手慢慢磨吧！」李淳陽這樣決定。

他挑選美國的特級細砂紙，在桌上仔細放平，再把接環直立在上面磨。不過，如果用手抓著去磨，會因為手施力時不均勻，磨不平。所以他就想出一個辦法：把砂紙放在最底下，砂面朝上，接環放上去，用繩子綁住，上面再疊上重物壓著。由於重物的力量由上往下平均施壓，這時拉動繩子，帶動接環，慢慢的拖動，一點一點的，就能將那多出來的部分磨掉。

他專心凝神的，小心翼翼的磨，連呼吸都儘量保持平穩。一邊磨，隨時試著組裝起來看看。就這樣，整整磨了一星期，終於大功告成！跟鏡頭組合起來，再裝上攝影機試拍看看——太好了！不論遠近，都非常清楚！

這時，離他開始畫設計圖，已經花去了整整一年時間。靠著他的精神、耐力和不屈不撓的毅力，終於克服了困難。

在往後的昆蟲攝影過程，這顆費盡心血設計、磨製而成的接寫鏡頭，果真大大的發揮了功效。

多年後，有一位德國蔡司光學儀器公司的代表來到台灣，聽說李淳陽曾經這麼做過，根本不相信，特別上門來，瞧瞧這個「自己設計、改造鏡頭」的怪人。

「蔡司」是全世界最著名的光學儀器製造廠之一，這位代表對於相機當然非常內行。他端著這個舉世獨一無二的接寫鏡頭，仔細的研究，簡直無法相信自己的眼睛。再看看李淳陽用它所拍出來的影片，不由得佩服極了。

「你完全沒有高科技的光學設備，光憑手工，怎麼能做得這麼好？你到底是靠什麼呢？」他忍不住好奇的問。

「靠我的腦和心啊！」李淳陽這樣回答。

演員都在哪裡？

做好拍攝計畫，器材也已準備妥當，可是，「演員」要到哪裡去找呢？李淳陽胸有成竹。

昆蟲其實無所不在，一直都在我們生活四周活躍著，只是人們常常視而不見罷了。而李淳陽，就像是一位精明老練的「昆蟲星探」，對於這些將在影片中大顯身手的好角色早已瞭若指掌。

過去二十多年的昆蟲研究生涯，使他練就敏銳、細心和耐心的觀察功夫。每次和家人去野外遊玩，或和朋友去打獵，他隨時隨地留意各種昆蟲經常出沒的地點，一一記在心裡。例如台北近郊的坪林、烏來、木柵、深坑……等地。

而新店的小格頭，樹林蓊鬱，有山有水，正是李淳陽心目中的「昆蟲寶庫」。他有一位好友在那裡有片造林地，常會去巡視。李淳陽一向喜愛大自然，所以在假日時就跟著去散心，常常就會見到各式各樣的昆蟲。他仔細的觀察、拍照，甚至帶回去飼養、記錄。幾年下來，這個寶庫中的所有「寶藏」，就全都逃不出「昆蟲偵探李淳陽」的眼睛了。

不過，就算知道哪裡有昆蟲，也不一定保證能夠遇見牠；就算是運氣好，遇到了，也不見得就能拍得到。因為要在野外拍攝昆蟲，首先要有陽光來照明，陰雨天就不行了；可是光影瞬息萬變，隨時要重新測光、調整光圈，非常麻煩。

其次，不能有風。只要稍微風吹草動，停在草葉或樹枝上的小昆蟲會跟著搖晃，在鏡頭前就會像是大地震般劇烈搖動，拍起來就會模糊不清。何況在拍攝過程中，昆蟲很可能會突然跑掉，必須重來。

所以，要拍昆蟲電影，最好還是把牠們帶回室內，在自己安排的攝影棚中，打著燈光來拍。萬一牠飛開，也比較容易找得回來。

李淳陽的攝影棚，其實就是過去想做副業來貼補家用時，飼養金絲雀的「鳥仔間」，當時因為不賺錢，就改為倉庫。現在為了要拍影片，清出來正好做為攝影棚。

在這窄小的空間裡，李淳陽的電影開拍了。

第九章

演員們，上場啦！

好不容易才把蟲養活了，可是麻煩又來了——牠們會出現的「精采鏡頭」，常常在轉瞬間就一閃而過，要想剛剛好能捕捉到，真是太艱難了……

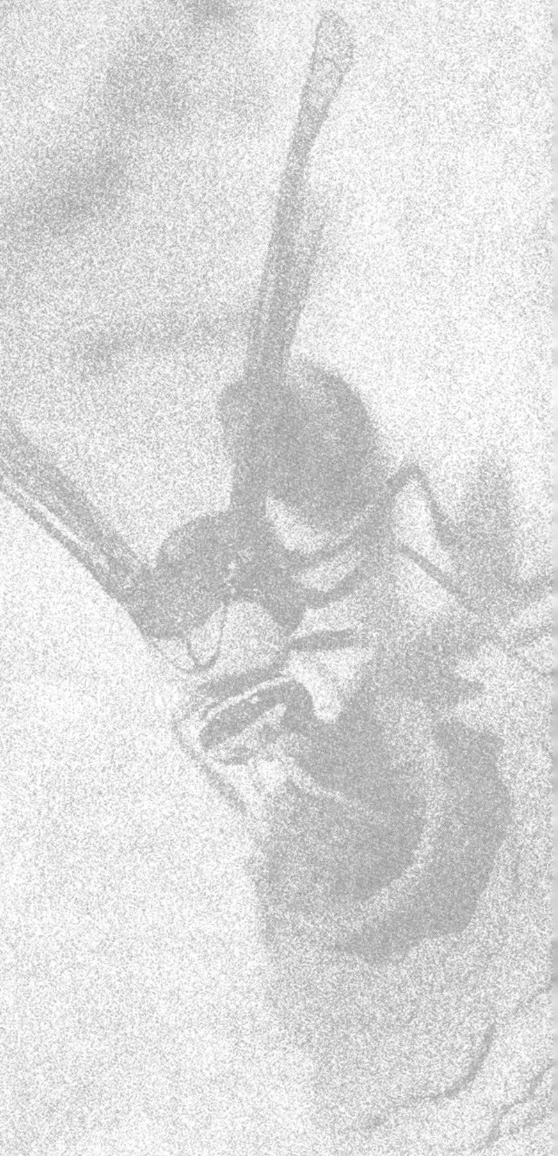

難纏的演員們

在野外找到想要的昆蟲，也抓到了，順利帶回家去，接下來，才是真正的困難所在：要怎麼拍得到想要的鏡頭呢？

平常拍電影時，導演會要演員先排練幾次，然後大喊一聲：「開麥拉！」演員們就照著劇本表演起來。等導演又喊：「卡！」時，演員就休息，準備拍下一場戲。

可是，「蟲演員」才不會這麼乖乖聽話哩。牠們不一定馬上會做出李淳陽想要的動作，也不曉得到底要等待多久，所以必須先飼養起來，以備「長期抗戰」。

要養蟲？嘿，這可就不是簡單的事囉！

有一次，李淳陽見到一種蛾的幼蟲，很罕見，就帶回家。但他忘了順便把牠們原先吃的樹葉一起採回，他想：「沒關係，我把家附近各種樹葉多採一些來試試，總會碰上一種可以吃的罷。」

沒想到，牠們非常頑固，根本不吃。甚至對他所精心調製的各種食物，也同樣毫不領情，一口都不嚐，讓他這個「蟲保母」真是又好氣又好笑。

「喂，小傢伙啊，你們只不過是小小的毛毛蟲而已，為什麼對吃要這樣固執呢？」李淳陽苦笑著對蟲說。無可奈何，只好全都放到後院的草地去。

第二天，他瞧見後院一棵樹上，正在開懷大嚼的，不就是那幾隻小傢伙？再仔細辨識，這種樹明明跟牠們原來棲息地毫無關係嘛。這真是讓人啼笑皆非。

像這樣，每種蟲的飼養都各有不同問題，常會讓他傷透腦筋。

導演的困境

好不容易才把蟲養活了，可是麻煩又來了——牠們會出現的「精采鏡頭」，常常在轉瞬間就一閃而過，要想剛剛好能捕捉到，真是太艱難了。

例如，李淳陽想拍昆蟲彼此之間「弱肉強食」的場面，要怎麼能預測到這種獵殺行動發生的時間？一旦看到行動開始，又已經錯過準備動作的鏡頭了。

「如果先讓蟲餓一陣子，也許能增加牠們互相獵殺的機率吧？」他突發奇想，於是就來一次次的實驗。

沒想到，許多蟲被餓過後，反而懶洋洋的，更不想動了。他試了又試，才逐漸掌握各種蟲的特性：有的在餓過三、五小時最好，有的則必須要餓上幾天才會積極採取行動，根本沒有一定的規則。這全要靠長期不斷的嘗試，從錯誤和失敗中，慢慢累積飼養的經驗。也只有透過親自動手，夜以繼日的觀察、思考和記錄，一點一滴了解各種昆蟲的不同習性，才可能拍得比較順利。

在這時的台灣，並沒有多少現成的本土昆蟲研究資料可以參考，沒有其他人有這方面的經驗可以請教，李淳陽也找不到同好能互相討論、交換心得，一切都必須靠他自己和助理洪文堯一步步摸索、試驗。就像是在黑夜中找路似的，跌跌撞撞的往前走，每失敗一次，就多一點經驗，而這些經驗都是無比寶貴的。

例如，他想要拍攝青椿象產卵，可是要怎樣才能分辨出哪一隻是「待產的蟲媽媽」呢？李淳陽立刻搖身一變，成為「蟲婦產科醫師」，一眼就辨識無誤，而且屢試不爽。

「你是怎麼看得出來的？」別人都很驚訝：「牠們的身體那麼小，每一隻腹部的殼同樣是都硬硬的，不像是孕婦大肚子那麼明顯，要怎麼分辨呢？」

「如果你看多了，就能夠分辨牠的肚子『有一點點隆起』。這就是老經驗的訣竅。」李淳陽這麼答。

又例如他要拍跳蜘蛛捕捉蚜獅的場面，想想看，那隻蚜獅會肯乖乖的待著，束手就縛嗎？

蚜獅會將各種雜物堆在背上，藉著偽裝來保護自己，李淳陽知道牠們非常機警，如果遇到震動，就會在原地靜止。所以他就故意觸動樹枝，這震動使蚜獅受驚，果然就靜止不動，這時立刻放跳蜘蛛過去——沒想到，跳蜘蛛渾然不知眼前的

「垃圾堆」就是大餐，還爬上去轉了轉，然後就離開了。

雖然沒有拍到預定的精采場面，李淳陽還是很開心，因為這次的失敗，使他發現蚜獅偽裝的功夫實在很高明，這也是意外的一大收穫呢。

另外，李淳陽還需要具備一項「超能力」，就是「癡癡的等」。

例如要拍鳳蝶的幼蟲化蛹的過程，可是不知道到底會在什麼時候開始，只好守在旁邊傻傻的等，苦等了四天三夜，終於見到化蛹。

這種經驗累積多了之後，才發現鳳蝶要化蛹當天，從早上開始就會一直大便，就像拉肚子一樣，把肚子裡面的東西全都清除一空，這就是關鍵的時刻。

但是，接下來什麼時候會羽化成蝶呢？李淳陽只知道大約一星期，所以從第五天起，他就和二兒子哲茂輪流守候，不論白天、晚上都要有一人緊緊盯著不放。在「鳥仔間」裡苦苦等候了三天兩夜，終於見到破蛹而出、令人驚歎的那一刻。

就像這樣，經過一次次等待和重拍的結果，才明白鳳蝶要羽化時，都是在半夜，大約是十點到十二點左右。一旦掌握了這一點，拍起來就順利多了。

可是還是不能大意，即使同一種昆蟲，也可能受到環境、季節、溫度……的影響，而使得羽化的時間會有差異。為了保險起見，李淳陽就只好採取最笨的安全措施：等。在旁邊緊緊守候著，眼睛睜大，不放過一點點變化。

怪點子出爐！

如果光靠傻傻等候，一部電影要拍多久才能完成呢？不行，必須再多想其他辦法。好啦，「發明家李淳陽」又現身了！他自小就喜歡動腦筋，想出各種稀奇古怪的點子，這下子可以好好派上用場了。

每次要把蟲放到鏡頭前去表演時，牠們常常會一下子就跑掉了；雖然還是在「鳥仔間」裡，可以再抓得回來，但為了避免浪費時間，最好另外想個方法，能夠限制昆蟲的行動範圍，不讓牠們跑太遠。

李淳陽和洪文堯設計了一個「攝影箱」，用透明玻璃板做成，就像一間袖珍的房子：玻璃板可以讓燈光透進去，而斜面屋頂則不會造成光線折射。箱子裡面佈置成大自然的狀態，前面則開個口，讓攝影機鏡頭可以伸進去拍攝。

在這個「袖珍攝影棚」內，李淳陽先打好燈、測好光，把攝影機的光圈和速度都調好，接著，洪文堯就用一種兩端都有開口的長玻璃試管，把各種昆蟲一一的送進去，讓牠們在鏡頭前盡情演出。

有時蟲會過於活躍，四處亂跑，李淳陽就再使出一項絕招：冰！

他會把蟲先放在冰箱的冷凍室內，稍稍冰一下，蟲會因受寒而安靜一陣子，拍起來比較方便。但是不同的蟲要冰不同的時間，有的蟲冰過幾分鐘就受不了，但有種蝴蝶，冰了三天三夜仍不在乎哩。

李淳陽想要拍「跳蜘蛛捕捉蒼蠅」的鏡頭，就必須用這種方法。他先把蒼蠅冰過，再放到葉子上；過一下子，看牠已經恢復知覺，開始搓動翅膀準備飛走時，立刻把跳蜘蛛放上去。當捕獵的動作一出現，李淳陽就按下快門，拍下這精采鏡頭。

這招「冰一下」真的很管用。不過，把蟲冰過後，還是要想辦法使蟲「動」起來。如果攝影機已經開動，可是牠卻遲遲不行動的話，用再多底片也不夠拍，那可就慘了。

所以李淳陽又得再想其他妙計——用一個小玻璃罐，中間放置有酒精的棉花球，罐口蓋住，有兩根吹管從罐中伸出來，一根含在助手的嘴中，另一根向前伸去，朝向蟲的位置。

當助手用力吹氣，會透過吹管把罐中酒精的氣味吹向蟲；一聞到酒精味，蟲就會往前移動或飛起。

但是有的蟲不怕酒精，於是他們就把棉花改沾汽油或阿摩尼亞，味道更重更嗆鼻，果然大部分的蟲都立刻就振翅飛起了。沒想到，還是會遇到特別頑強悍的對手，仍然不在乎。只好換成「催淚彈」用的「毒氣」——輕輕一吹，再強悍的蟲也還是嚇得往前跑了。

這些當然都是不得已的做法，由於底片太過昂貴，每捲的時間也太短，他既要減少底片的白白消耗，同時也受到這時攝影器材功能上的種種限制，實在不得不如此。

數十年後的今天，各種攝影器材突飛猛進，像數位攝影機的錄影帶，既便宜、感光度高、效果佳，可以連續拍攝一、兩小時不斷，也不用沖印，又可在現場立刻檢視拍攝的成果，還能重複使用；而攝影機的功能更是變化多端，加上各種特殊鏡頭推陳出新……這種種優越的條件，都不是當年可以比得上的。

李淳陽在克難、困窘的拍攝條件下，當然夢想不到能有這樣的環境。他為了要獲得理想的畫面，除了依賴自己對於昆蟲習性的掌握，和長期守候的笨功夫之外，當然就不得不想出各種絕招來解決了。

苦命的助手

拍這部影片，李淳陽是導演、編劇兼攝影師，助手則必須兼備副導演、燈光師、道具師、佈景師、場記……等角色，真是要無所不能才行。

拍攝昆蟲，跟其他風景、靜物、人物攝影有很大的不同，因為昆蟲會動來動去，也不照導演的指示做動作。牠要吃、喝、拉、睡、羽化、交配、產卵……全都是照自己的意願活動，不會聽從人的指揮，更不接受排演，當然也不會肯乖乖的一次次重來。

而且要在室內拍的話，就得打光。蟲實在太小了，鏡頭必須靠得很近，這樣就使得燈光的安排特別傷腦筋。好不容易把燈光布置妥當，蟲如果一移動，離開原來位置，就得重來。

一個人如果既要照顧燈光，又要控制蟲的行動，不讓牠離開鏡頭的範圍，然後還要用最快速度，跑回攝影機後面去按快門，根本是不可能的。因此李淳陽自己一個人沒辦法拍，一定要有助手在旁協助才行。

洪文堯十九歲進農試所，就一直跟著李淳陽工作，參與過各種害蟲的研究，對於他的個性非常了解，也很習慣他的執著和嚴格的要求。

在拍攝影片的前期，洪文堯就是最得力的幫手。白天在農試所裡做各種農藥效果的測試，晚上和假日則到李家「加班」，不但找蟲、抓蟲、飼養蟲、記錄各種蟲的生活史，也幫忙製作工具、控制昆蟲的動作……等等，要幫李淳陽完成他的大夢。可是長久這樣兩頭煎熬，壓力非常大，他的身心都不堪負荷，越來越削瘦下去。

這時的李淳陽，每天都為著拍攝在苦惱著，因為失敗率太高，要完成簡直是遙遙無期，這使得他常常心情低落。本來就是急性子，這時更是容易煩躁不安。

有一次在拍攝時，李淳陽發現洪文堯沒照他的吩咐把花盆抬得夠高，立刻就發作了，他用力拍著肚子大聲說：「我叫你要擺到這個高度嘛！」

語氣很凶，洪文堯不由得也氣起來，摘下帽子摔在地上，說：「我不做了！」

最重要的助手離去了。在這之前，李淳陽全心全意都放在拍片上，並未顧及身邊其他人的感受。這影片是他的夢想，所以無論再怎麼苦，他自己都可以咬緊牙根堅持下去。但是為何也要別人一起承受這些巨大壓力呢？李淳陽覺得很抱歉和懊悔。

沒辦法，只好找家人輪番上陣。「法布爾當年也一樣靠家人幫忙做研究哩。」他只好這樣自我解嘲。

大兒子哲秋這時正就讀台大農學院，學校剛好就在家旁邊，李淳陽叫他來幫忙，聽到上課鐘響，再跑去教室還來得及。

接下來輪到二兒子哲茂。他讀的是中原大學，只有星期假日才能回台北家。在拍一種會做「育嬰搖籃」的象鼻蟲時，他常和李淳陽在「鳥仔間」裡日夜輪流守候，雖然很辛苦，可是因為要幫爸爸，還是很認真的撐下去。

女兒佳英則跟一般女孩子一樣，一見到渾身刺毛的毛毛蟲，就會尖叫、退避三舍。在她讀中學時，看到李淳陽正在拍一種毛毛蟲，鏡頭對著樹幹，想拍牠緩緩走過去的鏡頭，可是牠偏偏不肯服從命令。當李淳陽把牠放好，趕快跑回攝影機後，湊近觀景窗一看：「咦？怎麼鏡頭前空空如也？」

原來這小傢伙不聽指揮，彎到樹幹另一側去了。一試再試，怎麼都拍不好，氣得李淳陽火冒三丈。

女兒在旁看著，突然走過去，一伸手就把牠抓起來，放到定位。李淳陽抓住這瞬間，終於拍下來了。

「你怎麼會這麼勇敢？」李淳陽吃驚的問她。

「我看爸爸一個人忙得『霧煞煞』的，不勇敢動手是不行的。」她若無其事的回答。

出力最多的，是小兒子哲夫。影片開拍時，他才剛上初中，只能在一旁默默看著。李淳陽拍了一年又一年，他也逐漸長大了，終於可以派上用場。他很有耐心，總是悶不吭聲的，把事情做得很妥善。在拍攝期的最後階段，幸好有他的耐心協助，才能夠完成。

等到兒子們接連去服役或就業，女兒也出嫁，再沒有助手了，於是，李太太便自告奮勇來幫忙。多年來，她每天忙於家事，照顧四個孩子，以便讓李淳陽無後顧之憂，專心追逐他的夢想。有這種滿腦子理想而不顧現實的丈夫，做太太的當然是要吃最多的苦頭，而她也都撐過來了。

可是，她對昆蟲並不感興趣，對於攝影也沒有經驗，現在卻不得不時時刻刻面對焦慮煩躁的李淳陽，怎麼做都不容易讓他滿意，有時還會遭到不客氣的責罵，這是最令她頭痛的。

李太太體諒他的壓力，不願和他爭執，只好忍氣吞聲。這段日子的痛苦折磨，使她多年後仍一直不願回想。

李淳陽的四個孩子，後來沒有任何一人繼承他攝影或昆蟲研究的衣缽。

也許正因為親眼看到爸爸拍攝過程的種種，加上自己當助手的親身體驗，太了解其中的艱辛、痛苦，因此他們都不願意步上爸爸的後塵罷。

在煉獄中煎熬

白天，李淳陽要去農試所上班，只能在晚上、假日或是請假來拍。時間很有限，就特別的珍貴。有時拍到一半時，蟲突然跑掉，如果找不回來，必須重新去抓另一隻，那又是好幾天泡湯了。

在小小的「攝影棚」中，既沒有窗戶，也不能開電扇或裝冷氣，因為任何輕微的風、氣流或是震動，都會對鏡頭前的蟲造成「超級大地震」。

強烈的照明燈光一打，窄隘的小空間就像火爐一般；而夏季的台北盆地是出名的燠悶，加上李淳陽天生怕熱，幾個小時苦苦拍下來，總會讓他覺得命都去掉一大半了。

拍蟲時，常常因為操勞過度，李淳陽身體的的老毛病會不時的發作。這時，他只好停工，靜靜躺著。可是有時剛好遇到關鍵時刻又不能不拍，例如蟲正要產卵，不拍的話，下回不知要等到何時才有機會。他強忍著劇烈的頭痛和暈眩，又冷又發抖的，勉強自己起身來拍。實在受不了時，只好邊拍邊嘔吐。「需要拍得這麼辛苦嗎？連命都不顧了？」家人看得很痛心，都忍不住勸說。

可是誰也攔阻不了牛脾氣的李淳陽。

身體的病痛還可以忍受，心理上的無形壓力，卻是更可怕的折磨。

一個鏡頭拍過後，他還是會很不安，因為還得等沖洗出來才能揭曉。可是一捲底片常要拍上很多時日，送去國外沖洗的來回時間也不短。在這段等待的期間，有時睡覺時會忽然無端的擔憂起來，一想到可能必須要重拍，就再也睡不著了。

另一種痛苦是來自於海關。這時還是「戒嚴時期」，對影片的管制非常嚴格。每捲底片沖好寄回來，要先向新聞局申請，再去海關檢查後才能領回。常常會遇到魯莽無禮的檢查員，胡亂的把底片抽出來看，用手隨意抓捏，甚至垂在地上亂拖。

脆弱的底片哪堪如此折騰呢？何況還是他的寶貝作品！李淳陽屢屢看得又氣又傷心。

雖然這些影片大都是在攝影棚內拍成，但有時也需要有野外的現場實景。他在台北看天氣很好，趕快搭巴士去郊外，沒想到抵達後，卻發現變成陰天或下雨。就只為了短短幾秒鐘鏡頭，總要去很多趟才拍得到。

他背著既大且重的攝影機、三腳架爬山，又喘又累。好不容易到達目的地，卻氣喘吁吁，雙腳發抖，好久都沒辦法拍攝。

就算是在攝影棚中，他也一樣吃盡苦頭。

昆蟲很小，又會移動，焦點極難抓得準。他把鏡位擺好，測了光，焦距也仔細調好，正準備按下快門，沒想到主角卻離開焦點了。他只好把所有步驟重來一遍。

這樣反覆再三，使他精疲力竭。昆蟲根本不聽命令，只有用恆心和毅力跟牠們周旋，一次試不成，就重來一次。即使他有多年的經驗，還是覺得要碰運氣才行。運氣到了，就拍成功；運氣不佳，只好認命再拍一次。就因為這樣，所以他消耗的底片數量非常驚人，平均大約每拍十捲，最後只能用上一捲。

為了避免無謂的損失，他特別用一本筆記本，詳細的記錄拍過的每一捲影片資料：拍了哪幾種蟲、動作內容、各佔幾呎……等，也記下每個鏡頭的比例、光圈大小、快門速度、有否使用濾色鏡……同時也把重要的經驗、要訣都記下來。

在拍攝過程中，每次遇到類似狀況時，他就翻開這本「寶典」，查閱先前拍攝成功的各項數據，比照進行，就不用煩惱或擔心出錯了。

每一捲底片沖洗回來，他也會對著這些紀錄仔細的檢討。這些都是他自己摸索的寶貴經驗，從不斷的錯誤中，汲取改進的可能。

李淳陽這項既耗時又花錢的鉅大工程，完全自費，沒有任何機關團體的贊助。他在農試所的工作，早已不再向國科會申請研究費，只靠著微薄的薪水過日子。雖然想盡辦法省吃儉用，但是眼看著越來越短少的存款，不禁也會為未來擔憂。每月最大花費是底片和沖洗費，可是這無論如何不能再省，那麼，只有委屈全家的生活了。

農試所分配給李淳陽的宿舍很小，全家六人擠在一起。由於捨不得花錢，客廳除了書籍和攝影器材，只有兩張陳舊的沙發和一張茶几。客人來訪時，對著這樣「乏善可陳」的佈置，都忍不住會露出驚訝的神情。

金錢的花費，他可以不在乎。身體的痛苦，他能夠忍受。找蟲、抓蟲、養蟲、研究蟲的種種繁雜過程，正是他的興趣，沒有怨言。可是，為了配合這些小演員們的演出，要無止境的等、等、等，最是令他難熬。

單單想要「拍得到」已經很難了，如果還想要「拍得清楚」，當然難上加難。可是對於李淳陽來說，這都還不夠，他還要講求「拍得有藝術性」！

本來嘛，他一向追求完美，也是「生活藝術化」的忠實信徒：照相簿要編排、裝子彈的布袋要印上圖案、釣魚的浮標要鑲上金箔……。平常生活中他都這樣要求了，現在這部影片正是他生命中最最重要的作品，怎麼可能反而讓它草率的、輕忽的就處理掉呢？

因此，他堅持要講究光線、佈景、構圖……不夠理想的，重來！沒拍到的，再繼續等！主角表現不佳的，換角再來！

有一次，他和二兒子連續拍了兩天，終於拍好了，兩人停工休息。這時，李淳陽瞥見蟲並沒離開，立刻站起來又要重拍。

「剛剛你說過已經拍好了，怎麼又要重來？」兒子忍不住大聲抗議：「這樣拍哪能賺錢！」

李淳陽愣了一下，還是說：「來，還要再拍。」

他真的就狠心重拍了。雖然這回拍的結果，並沒有比前次更好，可是他就是「身不由己」呀。

也就是李淳陽這種執著、不顧現實的藝術家個性，使得他特別講究每一吋影片的品質，不惜底片，精益求精。這當然也使得拍攝的過程簡直像是煉獄一般，在痛苦的煎熬中，不知何時才能解脫。

連月球都上得去了！

種種的困難和壓力，使李淳陽有時也不免會萌生放棄的念頭。

每天一睜開眼，單單是「想」到今天應該要拍什麼蟲，就開始覺得煩惱，全身神經也都不由得緊繃起來。

好不容易，一兩種蟲拍到了，在紀錄簿上劃掉，可是想想還有那麼多種，要怎麼拍得完呢？他就再也睡不安寧了——

「為什麼要這樣自討苦吃呢？又沒有人拿槍抵著頭逼你！就算你現在放棄了，也沒有人會在乎啊！」

「可是，如果現在不拍的話，等我生命快結束時，如果問一句：『我這一生到底做過什麼呢？』我要怎麼對自己交代？」

在失眠的夜裡，李淳陽忍不住反覆的這樣質問自己。

他不禁回想起二十二歲那年，從日本回台灣途中，船被美軍潛艇擊中、下沈後，他在海上載浮載沈、生死交關時，就已經這樣逼問過自己：「我這一生，到底做過什麼呢？」

現在他快五十歲了，再來面對這個無比嚴肅的問題，他的答案會是什麼？

這些年來，他確實很認真的做過不少害蟲研究，為農民解決不少困難，這是他做過的「有意義的事」。可是他並不滿足，他覺得還能夠做得更多，來為人類造福，所以才會選擇「拍攝昆蟲世界給大家認識」這工作。這是他最最重要的夢想，難道他真的可以因為碰到困難，就放棄不幹了嗎？

就在他正徬徨和掙扎的時候，報紙和電視大幅報導了人類首次成功登上月球的消息。

李淳陽把報紙保留下來，貼在筆記本裡。每當他拍得厭倦，或是又覺得意志軟弱時，就翻開筆記本，重新看一看這些報導。

「人家連月球都有辦法上去了，而你在地球上，難道連拍一些小蟲子都做不到嗎？」

對著圖片中的太空船和鮮明的腳印，李淳陽不斷的這樣警惕、激勵自己。

在這段最最苦悶的時期，幸好還有音樂陪伴。他取出心愛的小提琴，凝神靜氣拉一曲貝多芬的F大調小提琴「浪漫曲」。這首柔美深情的樂曲，是他最喜愛的，可以讓浮躁不安的心平息下去，讓無止盡的痛苦得以舒緩。

在悠揚的樂聲裡，他也不由得感念當年的小提琴老師。三十年前，在下著雪的寒冷東京，當年輕的他正為著學琴的艱難而想要放棄時，老師曾諄諄相勸，鼓勵他一定要跟這個「苦」決鬥，克服它，將來在碰到困難時，這種鬥志就會來幫忙渡過難關。

這些年來，李淳陽確實是這樣一路「苦鬥」過來的。而這時，在小提琴的樂聲中，他得到溫暖的安慰和堅定的力量，可以和生命中的種種挑戰繼續決鬥下去。

第十章 三大巨星隆重出場！

在他眼中，這些亢奮激情的小傢伙，好像正快樂的在喊著：「昆蟲學家說我們只會靠『本能』行動，一步步都不懂得變化，可是，看啊，我們根本不甩他們哩！誰會想要照著『標準程序』做呢？來，快！快！快！」……

稻田裡的求婚典禮

在李淳陽的昆蟲影片中，有幾位領銜主演的「大明星」，野地蠅就是其中之一。

很多年前，他就對這種很像蒼蠅的小昆蟲很好奇。當時他正忙著做水稻害蟲研究，無意中看到一對野地蠅在稻莖上交配，雄蠅騎在雌蠅背上，而雌蠅正忙著吃一團白色的小泡沫。

「咦？這不就是『先送禮餅再結婚』的活例嗎？」李淳陽詫異的叫了起來。

在他曾讀過的所有資料中，不只是昆蟲，即使整個動物世界，除了少數幾種鳥類之外，也很少有這種習性。大家知道蟬和蟋蟀的求偶手法是「唱歌」，蛾會用「香水」，蝴蝶會炫耀「彩衣」，螢火蟲則在黑暗中發出誘人的閃光……可是會像人類一樣先送上「禮餅」的昆蟲，就非常罕見了。他竟然能夠親眼目睹這傳奇的一幕，不禁非常感動。

李淳陽好奇的仔細觀察著這又黑又醜的小蟲，逐漸的，原先的感動卻被迷惑取代了：「這個白泡泡的『禮餅』，應該就是雄蠅做的，可是，牠是怎麼做成的？牠們又是怎麼在稻莖上碰上的呢？如果雄蠅真的是要誘惑雌蠅，牠又是用什麼妙法呢？……」

這一連串的謎，剎那間全湧上了他的腦海中。這時候還沒有人對此做過研究，無法解答。李淳陽自己也必須忙著做各種害蟲的研究，暫時也沒辦法再追蹤下去了。

可是這動人的一幕，多年來卻一直盤旋在他的心中。等到要拍這部昆蟲影片時，就決心解開這個謎團。

「這黑黑小小的野地蠅，就要變成影片中最光彩眩目的超級巨星啦！」他這樣打算著。接著，李淳陽查遍所有文獻資料，看看牠們的習性——只知道幼蟲在水中生活，以螺維生；也在水中化蛹，蛹會浮上水面。除此之外，就沒什麼研究報告了。

「要先確定那白泡泡真的是雄蠅做的嗎？如果是，那麼，牠們的求愛行動是怎樣開始的？」

李淳陽性子急，一想到就要動手做。要找到牠們並不難，在水田或是長著雜草的水池中都很常見。於是，他和助理洪文堯去田裡，抓了幾十隻回來，養在玻璃溫室裡。他們用許多花盆種著水稻，可以讓蠅棲息在稻莖上。安置好了後，就睜大眼睛盯著，希望能看到求愛行動的出現。

可是，兩個人四隻眼睛，眼睜睜的監視了幾天，每次就只是看到雄蠅騎在雌蠅背上，而雌蠅忙碌的享受那「禮餅」。之前的求愛行動呢？

「一定是太快了，我們根本都來不及看吧？」李淳陽說：「單靠我們兩個還不夠。」

星期天早晨，李淳陽再召集太太、女兒和小兒子一起來，總共五個人十隻眼睛，佈下緊密的天羅地網，非要瞧個清楚不可。

他們在玻璃溫室裡，守在種著水稻的花盆邊，分成兩排，十隻眼睛就像探照燈一般，不斷的掃過來又掃過去，仔細盯著每根稻莖上的動作。時間一直過去，張大的眼睛發澀、酸痛，也不敢輕易眨一下；口渴肚餓，也不能離開一下……

「在這裡！」助理洪文堯突然叫了出來。

就在眼前的稻莖上，一隻蠅的頭抬上抬下，正從口器中分泌出白色泡沫；而在牠上方，另一隻則不斷的「梳洗頭腳」。當白泡泡越來越大了，上方的那隻慢慢爬下來，開始吃起來。幾秒鐘後，本來已退到旁邊的「做餅的那隻」，突然就跳上去交配，而「新娘」還是繼續吃著這禮餅。

「果然是『新郎』親自做的禮餅！」李淳陽高興的說。

終於確定原先的預設，他不由得鬆了一口氣。可是緊接著，又是一連串的問題浮上來：小倆口是怎樣碰在一起的？新郎送禮餅前，有沒有做什麼儀式呢？……

這些重要問題，光是靠眼睛瞄來瞄去是不會有解答的，必須做正式的科學研究才行。

他和助理到田裡，從水面上採集了幾十個蛹回來。過一陣子後，成蟲羽化出來了，要趕緊把雄雌分開來，放在兩個「養蟲箱」裡分別飼養。可是要如何區分性別呢？從外表上根本分不出來，後來去翻開牠們尾巴的毛，發現生殖器不同，終於辨識出來，這樣在觀察牠們的行為時也才能做清楚的記錄。

接下來的問題是：成蟲吃什麼呢？資料上也沒提。

「既然被稱做『蠅』，應該是會跟蒼蠅一樣，用口器來『舐』，什麼食物都可以吃吧？」李淳陽這樣推想。

他們就準備了各種「山珍海味」來款待：牛肉、牛奶、魚肉、蛋黃、蜂蜜……果然沒錯，這些嘉賓暢懷大嚼，長得又快又健壯。一兩星期後，每隻看起來都很成熟，應該要讓牠們配對成婚了。

李淳陽把一隻雄蠅移到玻璃圓筒裡，牠很快的飛到稻莖上，不時的鼓動翅膀，表現出動情、呼喚雌蠅的動作。於是，李淳陽馬上放進去一隻雌蠅。

這新來的「小姐」，飛到雄蠅上方的稻葉上，對這個熱情的老兄並不太注意。但當雄蠅拍翅、抖動身軀時，她好像接收到訊息了，於是就從上方很快的跑下來。原先背部朝下的雄蠅，察覺到雌蠅來到後面，立刻轉身，前腳對著雌蠅大大的舞動起來，動作又大，比得又久。

「這麼誇張！」李淳陽不由得讚歎：「老兄啊，你這哪是在說服女生，簡直就像是在拼命吹噓你有多大的本事嘛！」

可惜，女方冷靜得很，一動也不動。

熱情的老兄並不洩氣，繼續揮舞前腳，甚至湊上前去，碰觸雌蠅的前腳。雌蠅好像也心動了，跟著搖晃身軀，也回碰雄蠅的前腳。

這時，雄蠅再轉身，開始吐出有黏性的白色泡沫，做起「禮餅」來。牠很認真的做，雖然雌蠅急著想嚐嚐看，牠卻不客氣的用力推開，推了一次又一次。

「太兇了吧，老兄！」李淳陽看得都搖頭了：「要是我是女生，我一定會氣得跟你說再見！」

奇怪的是，雌蠅不但沒氣得飛走，反而開始摩擦乾淨前腳，再用前腳去清潔頭部，看起來就像是在梳洗打扮一樣。

當雄蠅把「禮餅」做得跟牠的頭差不多大時，雌蠅才下來。雄蠅立刻移開，讓牠開始吃這「定情物」。過幾秒後，雄蠅突然跳上雌蠅的背上，開始交配。而雌蠅繼續吃得津津有味，一直到全部吃完了，牠們還在交配。

「看來這個『禮餅』一定很香甜美味吧？」李淳陽看到雌蠅竟會為了這小團泡沫而不惜「獻身」，又吃得這麼專心，不由得也咂咂嘴：「我也來嚐一嚐，如何？」

他真的是很感興趣，掙扎了許久，突然想起這小傢伙的學名，第一個字是來自希臘文，意思就是「腐敗」——那麼，還是放棄這個念頭罷。

徹底看清楚牠們求愛、交配的過程後，李淳陽開始拍攝。他分別試過野外和室內，一次又一次的失敗。對於整個求愛和結婚的完整過程，前後總共拍了五遍。從最先前的觀察，一直到拍攝完畢，他為這小小的野地蠅總共花去了三年時間！而在他最後完成的影片中，這段「求婚大典」放映出來，其實才不過二十多秒而已。

拍完後，他要跟這些明星們道別了。雄蠅和雌蠅本來是分開養在兩個大養蟲箱裡，這時要將牠們全放進玻璃圓筒中，然後再帶出去稻田放生。

要跟這些長久朝夕相處的小傢伙們分手，李淳陽難免會覺得有點感傷。可是，當他把雄蠅和雌蠅混在一起時，他的感傷突然消失，變成了瞠目結舌——

簡直變成了交配大會！本來的全套「求愛儀式」，全都改變了！有的雄蠅只是吐出一點點泡沫，意思一下；有的只是用前腳摸一摸雌蠅而已；還有的什麼求愛的動作都沒做，一見到雌蠅，馬上跳上去交配……沒有一隻還按部就班的來談情說愛，雌雄全都一樣！

「你們可能每天大魚大肉吃得太飽了，混身都是可以『移山倒海』的精力，所以跟平常的行為都大不相同啦！」李淳陽這樣想。

在他眼中，這些亢奮激情的小傢伙，好像正快樂的在喊著：「昆蟲學家說我們只會靠『本能』行動，一步步都不懂得變化；可是，看啊，我們根本不甩他們哩！誰會想要照著『標準程序』做呢？來，快！快！快！」……

這真是他永難忘懷的一幕奇景。

六隻腳的彈性力學家

另一位重量級的主角，是「搖籃蟲」。這個有趣的名字，其實是李淳陽自己取的，牠的原名是「黑點捲葉象鼻蟲」。

在他的拍攝計畫中，主角最好是很容易可以找到得的，因為既然是重頭好戲，在影片中會給牠較長的時間去表現，可能需要拍很多次，就必須一次次去找來拍。如果選上的是很難抓得到的蟲，豈不是自找麻煩嗎？

有一天，助理洪文堯在宿舍外面的樹叢邊小便時，看到有一種甲蟲會捲葉子，很有趣，趕緊跑來告訴李淳陽。

一般來說，會捲葉的都是蛾的幼蟲，吐出絲來捲；甲蟲又不會吐絲，如何捲呢？

李淳陽好奇的跟著去看：這隻蟲個子很小，還不到一粒花生米大，橘紅色的身軀上有一個個黑斑點。只見牠把一片葉子又咬又折又捲，做成一個鼓鼓的葉苞，卵就藏在裡面。

「哇，好厲害！」李淳陽看得目瞪口呆：「這簡直就是舒適安全的『搖籃』嘛！」於是就用「搖籃蟲」來稱呼牠了。

搖籃蟲喜歡朴樹，在李淳陽的宿舍旁邊剛好就有這種植物。他把小樹挖起來種在花盆中，方便在「鳥仔間」裡觀察和拍攝。這種蟲很乖，一點也不怕人，又容易養，真是最理想的演員了。

首先，牠會挑選適當的葉子：先用前腳把葉片往上拉，一面用嘴把葉緣向下壓，這是在試試看這片葉子的「彈性」如何。如果覺得不理想，馬上就走到別的葉子上再試。找到中意的葉子，牠會在葉子上的幾個不同點上，拉一拉，彈一彈，重複檢查。然後，開始要「編」搖籃了。

這時，牠會先從葉尖開始，朝葉柄的方向慢慢前進。一直走到葉柄時，牠並不轉身，而是直直的再向後退，就像倒車一樣，順著中脈往後退。動作非常慢，走得非常小心。

「咦？牠好像是在認真計算步數，來測量距離嘛？」李淳陽這麼猜想。

牠退著走了一段距離，停住，接著又改變成像螃蟹一樣的橫著走，慢慢的移到葉緣。然後，牠開始咬出一個「切口」——就照著牠剛剛一路後退、橫走的路線，反向回去，一邊仔細的咬，最後咬出一個L型的切口來。

這時候，牠前進一步，在中脈基部咬了一個洞，使葉脈中的水分不再繼續往葉片輸送，葉脈會變得比較萎軟，等一下才容易折捲。

好啦，可以開始來「折」了。牠又回到葉尖，一邊壓彎葉尖和葉緣，一邊隨時走到中脈、支脈去咬出一個個小刻痕。這些刻痕很重要，因為它們會使各葉脈抗力減弱，在牠折捲的過程中才不會反彈回去，整個搖籃也才能做得緊密紮實。

牠在葉子上來來回回的忙著，不停的重複壓折、咬出刻痕。這項在「捲」之前的種種準備工作，要重複很多次，有時甚至要花上一個多小時哩。

整片葉子都處理好，再把兩側的葉緣折向中央，成為長筒型，有點像蛋捲一樣。這樣，可以開始來捲了。

牠還是從葉尖往葉柄方向捲上去。可是問題來了：要向哪一面捲去才好呢？嘿，還記得牠在先前曾經預先咬出的那個L型的「切口」吧？這就是決定性的關鍵——只見牠不慌不忙的，朝著跟這切口相反的一邊捲過去。

「為什麼牠會選擇朝這個方向捲？如果捲向另一邊會怎樣？」李淳陽很好奇的等

著瞧。

葉尖一捲好，牠就咬出一個小洞，把卵產在裡面，再仔細的繼續捲成「葉苞」，讓卵妥當的藏在當中。

牠的嘴、腳都一起出動，巧妙的把這葉苞一層又一層的捲裹起來。每捲一段距離，牠就會移動到葉緣，把葉緣向內折過來，並塞進葉苞的開口內。這道整理的工夫非常重要，可以使葉苞更緊密平整。

當牠把葉苞一直捲到那個L型的切口處時，就把整個葉苞反向旋轉，使葉苞固定住，終於大功告成。

「原來如此！」李淳陽佩服的想：「如果牠先前沒咬出這『切口』，就無法旋轉；而在剛開始捲時，如果牠是朝著跟『切口』同方向捲過去的話，葉苞根本沒辦法固定。」

蟲媽媽完成這個傑作，果然並沒有吐絲纏捆，也沒有用什麼黏液，完全就只靠著「折」和「捲」的功夫而已。

牠繼續去找別的葉子，做另外的搖籃。每個搖籃都是精心編造，不怕碰撞；既不容易被解開，又舒適又安全，可以讓卵安然孵化成為幼蟲。到那時，搖籃就是幼蟲最好的現成食物，牠一邊吃一邊長大，蛻變成甲蟲後，就咬破葉子出去了。

李淳陽為了研究清楚「搖籃」的結構，曾用刀片把它縱剖開來：葉片層層相疊，又緊密又牢靠，真是巧奪天工的藝術精品！而包在當中的，就是那顆晶瑩鮮黃的卵。

「搖籃蟲花那麼大的工夫，就只為了這麼一個小小的卵！」他不禁感慨：「真是天下父母心啊。」

他也曾把另一個「搖籃」小心翼翼的解開來，然後試著以他早已熟記的步驟，要照原來的摺痕一步一步恢復。可是無論他如何試，都沒辦法像蟲媽媽所做的那麼好。

「真是服了你們這些小傢伙。我們人類還自稱是萬物之靈，根本比不上嘛！」

對於這些光憑著咬、折、捲、彈力頂住……就可以完成了不起傑作的小傢伙，李淳陽無限敬佩的，獻上一個封號：「六隻腳的彈性力學家」。

做「搖籃」的整個過程，說起來好像三兩下就完成了，其實蟲媽媽常要花上兩個多小時呢。李淳陽發現每一隻的做法、步驟和能力都不盡相同。有的很認真，有的則比較馬虎。

他曾看過一隻比較悠哉遊哉的蟲媽媽，邊做邊休息；復工後折幾下，又停下來吃吃樹葉。天黑了，這隻瀟灑的蟲媽媽可是不肯加班哩，牠爬到小樹頂，找片葉子，就在底下過夜。天亮後，蟲媽媽還是老樣子，慢條斯理的做做停停。等到終於完工，已經超過二十小時了。

李淳陽實在太佩服牠們的絕妙功夫，所以忍不住看了一遍又一遍，前後總共觀察過二十多隻搖籃蟲工作。為了要拍攝完整的過程，他也必須緊緊盯著，不敢離開攝影棚。

最長的一次，李淳陽連續拍了三天兩夜。由於兩盞照明燈一直就立在他的頭後方，強烈而高熱的燈光「烤」得他頭昏腦脹。拍到最後，他終於精疲力竭的倒下去，只好把身體貼緊冰涼的水泥地面來散熱了。

最厲害的狩獵者

「哇！怎麼被蟲吃掉這麼多？」

李淳陽站在門前的竹籬笆邊，對著「燈籠花」（裂瓣朱槿）的葉子驚訝的想著。

這是他在開始拍攝影片之前幾年，還在忙著研究害蟲的時期。每到五月下旬，宿舍庭院的燈籠花叢都會出現這樣的慘狀：很多葉片被捲成一個個葉苞，然後逐漸又被咬得支離破碎的。原來，這是捲葉蛾的幼蟲（以下簡稱「捲葉蟲」，或「蟲」）所為，牠們為了要躲避天敵，會吐絲捲起葉片，像個兩端開口的長筒子；這葉苞不但是避難所，也是牠們的食物。

「你該要好好噴一噴殺蟲劑了。」鄰居都這麼勸他。

一向主張「生物防治」的李淳陽，並不想就這樣殺掉這些小昆蟲，何況是需要毒性很強的殺蟲劑才能除得掉，在家門口噴灑起來並不恰當。可是，他也還不知道該怎麼防治，只好就藉口因為研究工作太忙，一直拖著沒動手。沒想到過不了多久，蟲害的情形總會逐漸好轉了。李淳陽很好奇，想要知道是什麼緣故。

有一天，他無意中見到一隻黑褐色的狩獵蜂在葉苞的底部跑來跑去，速度非常快，突然在葉苞中間挖個洞，抓出裡面的捲葉蟲，飛走了。

「原來就是這種蜂天天在幫我做『生物防治』啊！」他開心的笑起來：「難怪蟲會逐漸減少，燈籠花叢就也就好轉了。」

再仔細看，差不多每個葉苞都有這樣的一個洞，當然都是蜂的傑作了。這種狩獵蜂原名為「黃面泥壺蜂」，由於臉部黃黃的，所以李淳陽就稱牠們為「黃面蜂」。

多年前的這個巧遇，讓李淳陽印象非常深刻，那麼，這部影片中當然絕對不能錯過囉。

民國五十九年初夏一個早上，他在後院的燈籠花叢中選定一個葉苞，確認裡面正躲著一隻捲葉蟲。他架好攝影機，對準這個葉苞，等候這個獵捕的場面出現。

「如果運氣不錯的話，可能要等一整個上午罷。」他想：「沒關係，就算等一整天也是值得的。」

沒想到，大約兩小時，黃面蜂就來了。牠直飛過來，輕盈的停在這個葉苞上部。牠並不鑽進去抓捲葉蟲，而是開始進行一場巧妙無比的狩獵遊戲——只見牠很快的走到葉苞底部，用觸鬚碰碰葉苞。這時，裡面的蟲嚇得逃到葉苞先端，而外面的蜂也立刻轉頭追到先端，在開口處探頭看一下——牠的這個探頭動作，並不像是為了要看得更清楚，而是要嚇嚇裡面的蟲，讓牠知道「殺手」來了！

可憐的蟲一發現大敵降臨，緊張得趕快躲向葉柄開口處。蜂也快速追過去，蟲被嚇得急著再逃過來。可是蜂追得可緊呢，立刻又追過來，第二次在先端開口處探頭，更加的驚嚇牠。只見蟲慌亂的又爬過去，蜂也馬上又追去，突然在葉苞底部中間挖個洞，再繼續追到葉柄。然後，這樣的追逐、探看動作又重複兩次之後，蜂回到葉苞先端開口處，突然靜止不動了。

這時的蜂，一副「老神在在」的模樣，很篤定的在「守株待兔」。

而裡面的捲葉蟲，本來大可躲著不動的，可是大概被剛剛的激烈追捕嚇得頭昏眼花了，這時竟然沉不住氣，伸出頭來——蜂一見，跳過去抓住了，立刻伸出尾部的螫針，快快的注射一針「麻醉藥」，抓起蟲就飛走了。

「真是太厲害了！原來黃面蜂是用這方法抓捲葉蟲的！」守候在一旁的李淳陽拍

下了完整的過程，覺得很歡喜。

看到蜂機智而靈敏的守候，再對照捲葉蟲的慌亂、無助，這樣緊張、刺激的狩獵場面，竟然都在小小的一片葉子上演著，真令人難以置信。

李淳陽後來又拍過很多次這個場面，發現黃面蜂的捕獵動作也會依情況不同而稍作改變。

例如，當蜂剛走到葉苞底部時，用觸鬚碰碰，就可知道裡面有沒有捲葉蟲；一察覺是空的，立刻就會換到另一個葉苞。

而當牠們在葉苞底部中間挖了洞後，如果蟲正好爬到這位置，牠們就會直接抓走。有的蜂也會在底部用腳搔一搔葉苞，來使蟲嚇得更慌亂。

在追逐過程中，他也見過有的捲葉蟲會從中間這洞口逃生，跳到地面上，而蜂也緊緊追下去抓住了。但有一回，地面長著很長的野草，蜂並沒跟下去，捲葉蟲安全的逃過一劫。

李淳陽一面拍攝，一面不由得回想起中學時曾讀過的法布爾的《昆蟲記》。少年李淳陽對於書中所提到的狩獵蜂神奇防腐液特別感興趣，沒想到有一天，他竟然能夠親眼目睹狩獵蜂獵捕捲葉蟲的精采過程。

其實，拍下這段影片的李淳陽，在這時也沒能料得到：這種「最厲害的狩獵者」，在幾年後，還會做出種種讓他更是大開眼界的事呢！

第十一章

現代法布爾

「本來一直在地上、樹上爬行的『可憐的時代』，終於結束，現在你們可以自由自在的展翅飛翔了。」他一面拍，一面無聲的這樣說。對於陪伴他度過這麼多年的所有昆蟲們，他也同樣在心底感謝著……

放屁要怎麼拍？

無論是「大明星」或「小配角」，在拍攝過程中，常常都會讓李淳陽吃盡苦頭。有的雖然在影片只出現短短幾秒鐘，也還是要他絞盡腦汁、費盡心力才能拍得到。

像會「放屁」的步行蟲就是其中之一。這種蟲在受到驚嚇時，會放出氣體自衛，如果噴進人們的眼睛，會像是鹽灑進去一般，非常刺痛、難過。

他想要拍這個「放屁自衛」的鏡頭，問題是：牠一被碰觸，就會立刻放屁，要怎樣才能恰恰好拍到呢？

「如果牠被蜥蜴追到時，一定就會嚇得放屁吧？」李淳陽在腦中模擬這樣緊張、精采的畫面。可是這卻是加倍的困難了——

首先，要抓步行蟲來，放在攝影機前等。不過，很可能才剛摸到牠，就會嚇得放出屁來了。麻煩的是，一個屁放完，就要再為牠補充營養好幾天才行。其次，如果在牠後面安排了蜥蜴，但是蜥蜴卻偏偏不肯去追，怎麼辦？就算蜥蜴會衝過去，而蟲卻不放屁呢？萬一蜥蜴追得太遠後蟲才放屁，都已經跑出鏡頭外了，也還是拍不到。……

真是麻煩啊，李淳陽和來幫忙的小兒子哲夫都很傷腦筋。可是一向「完美主義」的李淳陽，卻連這樣的畫面都還不滿足，他更進一步要「自找麻煩」——

「我想要把整個過程一氣呵成的拍出來，不要靠剪接的方法！」他興致勃勃的這樣計畫著：「先對準步行蟲拍，再把攝影機慢慢向右方移動，拍出後面正虎視眈眈的蜥蜴，然後把鏡頭拉遠，拍出全景，在這時，蜥蜴忽然往前追，而步行蟲立刻放屁自衛！」

啊，要是真能拍到這樣的場面就太好了！

他先來試拍「放屁」的鏡頭。關鍵在於：如何能控制「讓蟲放屁」呢？

「對了，用電的！」李淳陽這回想出這個奇招來。

他們先用鹽水把地上潑濕，接上兩條電線。當他開始拍時，同時對兒子喊：「通電！」

兒子立刻把電源一開，電立刻接通了——可是，蟲不但不放屁，反而被電得翻滾了好幾下。不行，電得太久了。再改變方法吧：一通電，就要立刻切斷，只要快速的刺激一下就好。

一次又一次的試驗，終於電得恰恰好，步行蟲果然放屁了！李淳陽透過攝影機，清清楚楚的看到步行蟲放出霧狀的氣體，心中一陣狂喜。

好不容易等到影片從國外沖洗回來，一看：「糟糕，還是沒有拍到啊？」

原來，影片每一秒是二十四格，而牠放屁的速度超快，放出的那一剎那，卻恰好就在兩格中間，也就是說失敗了。

兩人空歡喜一場。一切必須從頭來過，再去抓蟲、養蟲，讓牠們吃豬肉、牛奶……想辦法用「美味」讓牠們多多製造「氣」，然後再一次次試拍。最後總算解決了。

頭痛的問題又來了：要怎麼使蜥蜴肯聽命令緊追過去呢？

李淳陽使出了過去所有試驗出來的「吹氣」招數：先吹酒精、汽油，沒有用。再吹阿摩尼亞，牠眼睛眨一下，根本不移動。最後吹「毒氣」，牠也不在乎。那麼，用兩條電線通電，碰牠的尾巴試試看，可是牠的皮好像有蠟質，電不動。

「好，用火燒！」李淳陽使出最後絕招了。

兒子用棉花沾酒精點火，才剛剛接近蜥蜴的尾巴，沒想到牠就「唰」一下，往旁邊竄走了，還是沒拍成。

「牠這種反應也是很正常的，」李淳陽對兒子說：「牠自己都面臨危險了，當然是逃命要緊，哪還顧得了捕食呢？」

只好把火減小一點，小心的慢慢靠近，讓蜥蜴會直直往前衝去。

像這樣屢屢失敗的過程，真是很痛苦。拍到最後，兒子每次要把步行蟲放到定位時，都會緊張得手一直發抖，害怕又會失敗要重拍。後來，兒子對媽媽說：「如果不是要幫自己的爸爸，我是絕對不會做這種事的。」

其實，李淳陽在當場看到兒子緊張、痛苦的模樣，也是覺得很不忍，但是沒辦法，他還是要硬著心腸繼續拍下去。

另外，拍螢火蟲也是非常棘手的經驗。

台北公館一帶是著名的螢火蟲分布地區，每到夏夜，無數的小燈會閃爍不停，這樣美麗的畫面，影片中當然不能錯過。在野外根本沒辦法拍，他們只好每天下午去抓，晚上就馬上拍。

可是有個大難題：牠的螢光實在太微弱，很難在底片上感光。李淳陽一再測試後，推算出必須要用感光度八萬度的底片，才能拍得清楚。可是他這時所用的，卻只有二十五度而已，實在相差太多了。

當然，懂得攝影的人會說：「可以用『長時曝光』的攝影技巧呀！讓快門打開，曝光幾十秒，增加底片感光的時間，就拍得出來了。」

不過，在這麼長時間的曝光過程中，只要螢火蟲稍一移動，拍出來的影像就會模糊不清。要怎麼才能讓牠乖乖的靜止不動呢？還有，螢火蟲的光是一閃一滅，如果用「長時曝光」的拍法，就會一直是明亮的，怎麼能表現出那種明暗交替的效果呢？

李淳陽東想西想，終於想出絕妙的辦法——

首先，還是先把螢火蟲冰過，使牠暫時不會爬來爬去。再把燈光打好，使牠周圍的景物就像是野外夜景一般。

這時，把螢火蟲取出來放著，先打開快門拍十秒，這是第一次曝光。接著，把底片倒捲回去，再重複拍牠的「閃光」——這次大約每拍十格就休息十五格，再拍十格……這樣交替著，才能拍出一亮一暗的效果。

不過，為什麼螢火蟲會肯乖乖的一直停在原位不動，讓他順利的拍攝呢？

原來，事先已經在牠身體的外圍，像柵欄一樣插了許多針，使牠暫時不會跑走；而每根針都塗黑，跟背景一樣，在畫面上顯不出來。

他設想得很週到，等沖洗回來一看，才發現：雖然拍出一明一暗的閃爍效果了，但是光度不足，並不如原先的預期，依然不算成功。他左思右想，發現問題可能是出在：每隻螢火蟲的光度不同，原先的那隻可能比較沒精神罷，所以閃光較弱。

他又繼續去抓，一遍遍的試。反覆拍過很多次，最後才終於滿意，而夏季也已到尾聲了。

不要緊，在他的影片裡，螢火蟲依舊會是一閃一滅的，永遠保留住那個美麗而難忘的夏季夜晚。

強中自有強中手

雖然李淳陽的點子層出不窮，有各式各樣異想天開的招式，可是也千萬別小看了昆蟲，牠們自有各種花招來對付他哩。

例如，很多蟲遇到危急時，常常善於「假死」，來欺騙敵人。有的會連續假死很多次，一再表演；有的只肯假死一次；也有的很有耐性，會假死很久，一直不動。

李淳陽想拍這種「假死求生」的畫面，和小兒子去台北近郊找這種蟲，奇怪的是，這回卻到處都找不到。這是他在拍攝過程經常碰到的狀況：明明平常到處可見，可是等到需要時，偏偏就消失無蹤。

最後，他們去木柵，在山上茶園四處巡看，還是沒有。花了太久時間，尿急了，於是就地解決，對著一棵茶樹小便。李淳陽看到樹根部有很多蟲卵，形狀很怪，從未見過，乾脆就帶回實驗室。沒幾天，十多隻幼蟲就孵出來了。

「啊，原來就是蟻獅的一種嘛！」李淳陽高興的叫起來：「這種蟲也是會假死，太好了！」這才真是「踏破鐵鞋無覓處，得來全不費工夫」。

他把牠們全裝進一支玻璃試管中，先去辦點公事。等忙完了，大約上午十時，光線正好，他想要拍，拿起試管一看：每一隻都是「六腳朝天」。搖一搖，還是一動也不動；再用放大鏡仔細看，真的就像死了一般，連腳都沒動一下。

「真奇怪，明明剛才還是活蹦亂跳的，怎麼會突然變成這樣？」他想不通。過一陣子再看，也還是一樣。好罷，先回家吃飯再說。

整個下午，李淳陽一想起，隨時就躡手躡腳的過去瞧一瞧；一直到傍晚，依然完全一樣。

「難道是不適應環境，真的全都死了？」他很疑惑，又無可奈何，決定放棄，全部丟進垃圾筒裡。

李淳陽在家裡還是惦記著，滿腦都是這些小蟲僵斃的模樣，實在想不出會是什麼原因讓牠們全都死光光。到晚上十點多，他仍然不死心，再回去實驗室──哇，每一隻都在爬！地上到處都是！

「真是太厲害了！竟然能夠『假死』得那麼『真』，又能撐那麼久！」他不禁大為讚歎，但也不免有些慶幸：「還好沒有別人看見，要不然又要被笑話了──喂，虧你還是昆蟲學家，卻會被這些小蟲子騙了一整天！」

可憐的時代結束了

花了將近八年的時光，耗盡家中所有積蓄，李淳陽的影片終於完成了。

他總共拍了三百多捲底片，精挑細選後，剪輯出來的成品，卻只有短短四部，總長還不到兩小時呢！

這時的台灣，拍攝紀錄影片最多的是新聞局，他們有充裕的經費與人才，也有最新的專業攝影、剪接、錄音……等等設備。而李淳陽孤軍奮鬥，只靠微薄的薪資和自費購置的器材苦苦支撐。兩者真有天壤之別。

他定出片名是：「你看不見的鄰居」（Your Hidden Neighbours）。這也就是他拍攝的初衷——在人們的周圍到處都有昆蟲，只是大家不重視罷了。

透過他精心的拍攝，展現出令人驚異讚歎的昆蟲世界——蟲住在何處？吃什麼？怎麼吃？有哪些捕獵和自衛的方法？牠們如何求愛、交配、產卵、孵化、成長、變態……一一都在他的慧眼巧手以及無比的堅忍與耐心之下，顯露無遺。

影片的結尾，是他特地去木柵指南宮拍攝的群蝶飛舞鏡頭。

「本來一直在地上、樹上爬行的『可憐的時代』，終於結束，現在你們可以自由自在的展翅飛翔了。」他一面拍，一面無聲的這樣說。對於陪伴他度過這麼多年的所有昆蟲們，他也同樣在心底感謝著。

照原定的計畫，拍了兩百多種昆蟲，將近三百個場面。回想拍攝的過程，歷盡煎熬折磨，簡直時時刻刻都像瘋子一樣，李淳陽也覺得真是不可思議。如今總算大功告成，他自己的「可憐的時代」，想來也終於可以結束了罷。

在拍攝工作接近尾聲時，李淳陽想要接洽發行教育電影的公司，可是沒有經驗和管道，不知該如何著手。正好在《讀者文摘》上，看到一篇介紹「英國廣播公司」（BBC）的文章：這個世界聞名的傳播機構，附設「博物電影」製作部門，歷史悠久而且很有權威。於是他就把一部分影片寄去試試看。

很快的，對方的回音來了：他們很感興趣，不過這些片段還不夠編成一集，是否還有其他的呢？

於是，李淳陽乾脆就把拍好的毛片全部寄去，同時附上自己拍攝過程的詳細資料。

這下子，可真是大大震驚「英國廣播公司」了！他們對影片驚奇、讚歎不已，其中有不少昆蟲的生態行為根本是從未有人拍成影片的。內行的他們，當然也看得出來，有很多場面都是非常高難度的技巧。

「好傢伙！他怎麼能拍得到？怎麼能拍得這麼好？」專業攝影師們都邊看邊搖頭嘆氣。他們都很清楚，這種一流水準的影片是多麼難以拍成。

不但如此，從資料上，他們也才知道：拍出這精采傑作的，原來不但是獨自一人，竟然還是個業餘攝影者，而且是第一次拍電影！最令他們覺得更不可思議的是，連攝影機的「接寫鏡頭」都是這傢伙自己設計、組裝的！

「到底是一種什麼樣的力量，才會使這個人願意花那麼多時間，吃那麼多苦頭，來拍出這樣的影片呢？」這讓他們大大感興趣了。

經過多次討論後，他們決定要發行李淳陽的影片，而且更進一步，要特別以他這個人為主題，製作成一集電視節目，放在「我們周圍的世界」（The World About Us）這個每週一回的系列節目中播映。

因此，他們要派出一個採訪隊，遠從英國飛到台灣來，好好採訪、報導這個奇人的生活。

李淳陽是什麼人啊？

在戒嚴時期的台灣，外國媒體想要來採訪、報導，都必須事先向新聞局申請，經過種種嚴格審核，再決定是否准許。於是「英國廣播公司」就聯絡新聞局，表明想要來採訪「研究昆蟲的Sung-Yang Lee博士」。

正巧在這之前幾個月，新聞局曾主動邀請他們來採訪報導。這時的台灣，由於長期實施戒嚴、萬年國會、政治不民主……加上盜版與仿冒品氾濫等等問題，常常遭到外國媒體嚴厲批判，在國際上的形象非常不佳。政府想藉由「英國廣播公司」的知名度和權威地位，把台灣發展、進步的情況廣為宣揚。但是，這個提議卻被拒絕了。

「真是太奇怪了！」新聞局接到他們這回的採訪申請，內部議論紛紛：「我們那時要出經費請他們來拍台灣，他們不接受；現在卻寧可自費來報導這個什麼『李博士』的故事！他們是什麼用意呢？」

「這個『李博士』，到底是什麼大人物啊？為什麼會引起他們的興趣，千里迢迢前來採訪呢？」

經過四處探問之後，根本沒有人聽過Sung-Yang Lee這個名字。

既然被稱為「研究昆蟲的博士」，那大概就是台大的教授吧，新聞局人員跑去台大找。當然沒這個人。沒辦法，只好去請教農復會，花了不少工夫，才終於查出了李淳陽的下落。

當新聞局打電話到農試所找他時，李淳陽正在他設在田中的實驗室裡忙著，沒辦法接電話。所裡的同事聽到這件事都很驚訝，沒有人相信這個聞名全球的媒體會來採訪李淳陽。有一位同事甚至還對新聞局說：「李淳陽根本不是昆蟲專家，英國廣播公司一定搞錯人了，應該要來採訪我才對。」

連他的同事都對他這些年所做的成果毫無認識，可想而知外界會對李淳陽多麼的陌生了。

民國六十四年四月，「英國廣播公司」派出的四人小組來到台灣，包括導演、攝影、錄音和製作人。這是他們第一次專程派出這樣的工作小組來台灣攝製個人專輯。

先前他們曾問李淳陽能不能幫忙租借一間專業攝影棚，方便採訪攝影作業。他回答說：「沒問題，我自己就有一間。」

到了李家一看，四人都目瞪口呆——原來李淳陽多年來使用的攝影棚，就是當年飼養金絲雀做副業用的「鳥仔間」，根本就是一間又窄小又簡陋的舊房間嘛！

四人面面相覷，臉上驚訝的神情，很清楚是在說：「這哪算得上是攝影棚啊！」可是英國紳士的修養是不會當面笑出來聲來的。他們啼笑皆非又必須強忍著的那副表情，看在李淳陽眼中可真是有趣。

就在這間「鳥仔間」攝影棚中，英國攝影師要拍「李淳陽拍昆蟲」的鏡頭。可是，空間實在太狹窄了，攝影師邊拍邊搖頭嘆氣。四月的台灣已經開始轉熱，加上屋內幾盞高熱的照明燈光，簡直就像是火烤一般，讓這位來自北國的攝影師被折騰得快暈倒了。

「我真不知道這些年來，你是怎麼忍受過來的。」他不停的喘著氣，對李淳陽說。

李淳陽也帶他們到自己過去拍蟲的各處地點，他們很認真的記錄、介紹他拍攝昆蟲的情形，也體會他是在多麼艱難的環境中，自己克服一切。前後總共拍了十六天，最後到阿里山拍虎甲蟲。

採訪完畢，李淳陽的一位朋友為這四位遠客餞行，忍不住問製作人：「你們怎麼會為了李淳陽，花這麼大的工夫？他的影片真的有那樣的價值嗎？」

「全世界當然有很多人拍過昆蟲電影，」製作人回答：「李博士所拍的，特別有深度。」

這位製作人認為：台灣雖然在國際上的處境很不利，到處受到政治上的干擾、阻撓，但是其實不必自怨自艾。

「像李博士這部精采的影片，你們政府如果識貨，就該把它帶到全世界各國去放映。」製作人解釋：「這影片是藝術、文化，沒有政治上的色彩，所以不會遭到任何人抗拒、抵制；而且，又能顯現台灣美麗的大自然，是最有力的國民外交，會比任何大使館都更強而有效。」

他告訴李淳陽，這次來採訪的紀錄片，會定名為「李博士的昆蟲世界」。

李淳陽嚇一跳：「我的影片只不過是小小的作品而已，怎麼用得上這麼大的題目呢？那就等於是在介紹『一個人』的昆蟲世界，我哪有那麼重要呢？」

「因為你是『法布爾第二』啊！」製作人這樣回答。

「哈哈，你們可真會逗我開心。」李淳陽笑起來。

「絕對不是開玩笑，」製作人很認真的說：「我們常常接觸各種昆蟲影片，從來沒有見過像你這種的。你就是『現代法布爾』呀！」

第十二章

李淳陽的「虎皮」

這時，鏡頭照著李淳陽炯炯有神的眼睛，他堅定的說：「我們有一種說法：『人死留名，虎死留皮』。我把這影片當成是我的『虎皮』，當我過世之後，還能為這個世界留下一些東西。」……

來自遠方的熱情回應

「親愛的李博士：昨晚我兒子和我看了您所拍的台灣昆蟲影片，我們想向您道賀，由於您的耐心和技術，獲得這樣了不起的成就……」

李淳陽回家時，看到信箱裡有一封這樣的信，從英國倫敦寄來，信封上只用英文寫著：「遠東　台灣　昆蟲學家　李淳陽博士」這幾個字而已。而郵差在信封邊上註記著：「試台大農（學院）」、「試農試所」。

原來，在「英國廣播公司」來台採訪七個月之後，「李博士的昆蟲世界」電視專輯，終於在西元一九七六（民國六十五）年一月十一日晚上，在英國週日的黃金時段播映出來了。從這時起，連續一段很長時日，李淳陽接到許多封這樣的信件，每一封都同樣訴說著來自遠方的感動：

「……這真是太棒了！對我來說，昆蟲本來是又奇怪又可怕的，可是您卻使牠們變得具有令人無法抗拒的吸引力！您拍攝這影片所耗費的耐性與努力，絕對是值得的！……」

「我們剛看過英國廣播公司所播映的您那部奇特的影片，我們實在太喜愛了，非常期待能夠再次上映……」

「……這些有趣的小生物，使我和丈夫忍不住要一直看下去。我希望您會了解這影片給了我們無比的快樂……」

「……看過的人都說印象深刻極了，許多評論家都說：這是在我們英國放映過的最佳自然影片之一……」

「如果我沒有跟您道謝一聲，我就會睡不著。我不知道地址，但相信在台灣，您一定是很知名的人物，希望這封信能寄達您手中……」

這些來信，有劍橋大學教授、醫師、家庭主婦、蝴蝶保護協會主席……甚至還有燈塔的守護人。他們的身分、年齡、職業都不相同，但都一樣是被李淳陽所拍攝的奇特、動人的昆蟲生態深深吸引，更佩服他能在艱困環境中，以堅定不移的毅力和無比的巧思，竟然拍出世界水準的影片。所以連一向比較保守、內斂的英國人，也忍不住這麼熱情的，寫信給遠在世界另一端海島上的陌生人，表達他們內心真誠的感動與謝意。

不僅是觀眾反應激動，在播映翌日的報紙上也是佳評如潮，甚至讚譽這部影片是「一篇史詩」！這樣的評語，等於肯定它不僅僅是昆蟲影片，而且已經進入藝術的殿堂了。

而在寒冬中的台灣，這些遠渡重洋而來的一封封謝函，同樣也溫暖了李淳陽的心。他細心的將這些信都收存起來，一封封貼在大本相簿中。

「連這些沒用的紙張，你也要收藏？」有同事見到了，就這樣笑他。

「這些都是我的無價之寶哩！」他認真的回答。

李博士的昆蟲世界

在英國廣大的電視觀眾眼前，他們所看到的這部專輯，長達五十多分鐘，其中大約三十分鐘是李淳陽所拍攝的昆蟲畫面。

影片在生動而感性的開場介紹（見二十二頁）之後，鏡頭從人潮擁擠、車水馬龍的台北市街景，轉到寧靜安謐的田野之間——

在田埂上，李淳陽仔細查視稻莖，然後取出玻璃試管，小心的把一隻小蟲收入其中。

「我會被昆蟲吸引，是因為偶然觀察到有些蟲的的行為非常奇特。」影片中的李淳陽說：「這對我有著無可抗拒的魅力，所以一有空就去田野觀察。很幸運的，我發現了很多這樣的情形，使我決心要用紀錄片拍攝下來。」

「這個『用紀錄片來拍下昆蟲奇妙生活』的決定，從此不但掌控了他的生活，連帶的，把他的家人也都一起捲進來了。」旁白帶著沉重的語氣這麼說。

影片中出現李淳陽和太太背著攝影機、扛著笨重的腳架，走進「鳥仔間」攝影棚，打開照明燈，架好腳架和攝影機，一一調整妥當，準備開始拍攝作業。

「我是超過三十年經歷的昆蟲研究者，雖然很了解牠們各式各樣的生活方式，但是如果想要好好拍攝牠們，對我來說仍然還是很艱難的。所以開始時進度非常緩慢，不知白費了多少冤枉時光……」李淳陽娓娓道來：「不過，老實說，我並不在乎會耗費多少經費、需要下多少功夫——只要能讓全世界的人們看見昆蟲世界的魅力，我就要去實現這個夢想。」

在他拍攝的時候，李太太站在攝影機後方，緊盯著顯示底片呎數的小視窗，一面不停的跟著唸出來：「五呎、六呎、七呎……」，將拍攝中的影片長度報知李淳陽，以便他嚴格的掌握時間，免得耗費過多底片。

李淳陽多年的心血精華，在這部影片中陸續展現——

從第一個主題：「吃」開始，畫面上逐一出現各種昆蟲五花八門、無奇不有的「吃相」——桑天牛有如鐵鉗般的大顎，咬碎堅硬的樹皮；蝴蝶伸展原先捲起的口器，彷彿吸管一樣的盡情吸吮花蜜；花虻則像海綿一樣的舐；刺椿象捕獲毛毛蟲，毫不留情的將口器刺入體內，吸乾體液；狩獵蜂更厲害了，不但可以咀嚼，也能吸取，還能舔。……

「再瞧瞧這隻天牛吧，」旁白說：「牠的口器不但消耗了可觀的食物，更『吃掉』李淳陽更多的昂貴底片。」

接著，昆蟲們開始顯現各式各樣的的自衛方法，李淳陽一邊解釋著：「在這個世界上，每種生物都必須要有一些方法來保護自己。很多蟲依靠保護色來自衛，其他的則會用各種積極的方法去戰鬥……」

就像鳳蝶的幼蟲，面對長腳蜂攻擊時毫不畏懼，只見牠突然從頭部伸出臭角，噴出難聞的臭氣，果然嚇走了強敵。

有的則是採用「消極求生術」。畫面上出現了緊張狀況：樹上有隻蜥蜴虎視眈眈的，正緊盯著上方樹葉間的象鼻蟲，蓄勢待發。這時，鏡頭緩緩轉向這隻看來在劫難逃的小傢伙，旁白用著既風趣又有幾分讚賞的味道說：「如果你是這隻象鼻蟲，那你可就是蜥蜴的『大餐』了。你是顯著的目標，可是行動遲緩，那麼，也許你可以像這樣來躲過麻煩——」

樹葉突然一動，只見象鼻蟲跌落地上，六腳朝天，一動也不動，彷彿僵斃一般。蜥蜴看了看，好像失去了胃口，就轉身離開了。靠著「假死」功夫死裡逃生的象鼻蟲，也就快快翻身而起，溜走了。

「再來看看蚜獅，牠有著完全不同的妙法——」

牠從樹幹上慢慢爬過，一邊收集遇到的各種廢物，一樣樣往背上堆積，搖搖晃晃的前進。這時，一隻跳蜘蛛出現了，對著這怪模怪樣的獵物，卻似乎弄不清楚是什麼東西，還爬上去轉了兩圈，最後訕訕然離開。藉由奇特的偽裝欺敵妙計，「垃圾收集家」騙過了凶狠的敵人，保住珍貴的一命。

「有時候，防衛系統實在太巧妙了，令人懷疑捕食者要如何才能抓夠獵物來填飽肚子……」

接下來，狩獵蜂捕捉捲葉蟲的精采鏡頭上場了——

「捲葉蟲安全的躲在葉苞中，這葉苞很牢固。蜂被擋在外面，所以就用『心理戰』——牠在葉苞兩端衝來衝去，來回的恐嚇蟲，嚇得牠不得不逃來逃去。」旁白說得緊張刺激、活靈活現的：「最後，可憐的蟲已經頭昏腦脹了。突然，猛襲降臨了！」

這段捕獵的過程真是精采，可是狩獵蜂那種有如電光石火般的動作實在太快，不但使得躲在葉苞中的蟲猝不及防，連電視前的所有觀眾，也一定會覺得緊張屏息、目不暇給。因此，這段影片特別再用慢速度重播一遍，讓觀眾可以把這「致命的一擊」看得更清楚點。

無論如何，最後蜂抓走了捲葉蟲，只剩空盪盪的葉苞而已。

「拍昆蟲影片似乎很容易，好像只要攝影機一開，牠們就會自動從鏡頭前經過似的。」影片中再三強調李淳陽多年的辛苦：「其實，每一個成功場面的背後，都是專業知識、精心計畫、無數耐心的時光，以及永遠不變的難題——經費短缺。」

鏡頭再轉向綠意盎然的山丘，盈耳盡是各式各樣的蟲鳴叫聲：吱吱、喳喳、嘎嘎、嗡嗡、喀喀、唧唧……這正是昆蟲的樂園，所有吵雜喧鬧的聲響，全都是為了吸引異性。

於是，各種奇妙的求偶好戲上場了：夏日傍晚的野外，無數的搖蚊聚集飛舞，好像一小團龍捲風似的，跳起「求愛之舞」。還有，花了李淳陽三十小時才拍攝成功的螢火蟲，一明一滅閃著引誘的光。當然，真正的「戀愛專家」野地蠅，也露了一手「製作喜餅求婚」的絕技……

「野地蠅做禮餅的完整過程，非常難以連續拍攝；這個畫面，足足花了我三年歲月。」李淳陽既感慨又自豪的說。

「好啦，」旁白接口道：「雌蠅得到了禮餅，可以吃了。但是，有誰能體會，這需要多麼巧妙的技術，以及不屈不撓的毅力，才能拍得到呢？」

緊接著一系列交配、產卵畫面之後，「搖籃蟲」終於出現了，開始施展令人叫絕的折捲功夫：牠不停的測試葉片彈性、咬出L型切口、又折又捲，並且產卵裹起來……最後，完成一個精妙無比的「育嬰搖籃」。

這段影片長達七分多鐘，由李淳陽親自詳細解說每個步驟的要點。最後，畫面出現縱剖開來的「搖籃」：在層層緊密裹紮的葉片當中，出現一顆鮮亮的黃色蟲卵。

「沒有用膠水，只靠牠的下顎和驚人的靈巧功夫，花了整整三小時，都只是為了這個卵。」旁白流露出抑制不住的感情，這樣感歎著：「接下來，我們再來看看另一個築巢者——這次，李博士只需走到後院就可以拍到了。」

就在李淳陽的「鳥仔間」外面窗上，長腳蜂正在築巢。他想拍下從築巢、產卵一直到餵養的連續過程，所以把三腳架固定在同一位置，長時間癡守著，一直拍。

蜂的表現果然毫不遜色：牠們對幼蜂的照顧非常周到，天氣熱時，拼命拍翅，要把巢搧得涼爽一些。牠們也奮力對抗前來掠奪的螞蟻群，勇敢的保衛自己的家。而且。牠們在殺死獵物後，還嚼碎、製成肉球，帶回巢裡給幼蜂吃。……

「李淳陽和這些蜂真是非常相配，他們都是無時無刻狂熱的忙碌著。」旁白這樣形容。

影片最後，李淳陽和太太穿過阿里山的森林，在山腹拍攝虎甲蟲。這種蟲的身上有著醒目的斑紋，又特別的機警兇猛，具有如老虎般強悍的掠奪習性，所以會有這個嚇人的稱號。

旁白這樣解釋：「我們會用這種蟲來作為影片壓軸，倒並不是因為牠食量驚人，也不是牠埋伏地洞中，有如閃電般抓住路過獵物的奇特習性；而是『虎甲蟲』這名字，正貼切的塑造成一種『墓誌銘』——真正的老虎，有著華麗斑斕的毛皮，因而引發了李博士將他拍攝這部精采傑作的真正動機聯想在一起——」

這時，鏡頭照著李淳陽炯炯有神的眼睛，他堅定的說：「我們有一種說法：『人死留名，虎死留皮』。我把這影片當成是我的『虎皮』，當我過世之後，還能為這個世界留下一些東西。」

「以上，就是李博士的『虎皮』，」旁白說出了結語：「這是驚人的、非凡的

『遺囑』，上面清清楚楚寫著：堅忍、耐心，和絕妙的巧思。」

大家來認識李淳陽

「李淳陽博士鏡頭下的昆蟲世界！影片上了英國螢幕，昆蟲及攝影專家表折服！」

當英國電視播映李淳陽專輯的消息傳到台灣，引起了極大的震撼，報紙以這樣的標題和長篇幅報導出來。

這時的台灣，正接連遭遇一連串的嚴重打擊：退出聯合國、與各國斷絕邦交、蔣中正總統逝世……國際局勢不利，國內人心惶惶。而長久以來，外國媒體對台灣也常是負面的報導或嚴厲的批評。沒想到，竟然會從遙遠的英國傳來這樣的好消息，真是大快人心。

同時，國內的新聞界也才忽然發現：原來自家竟有這麼一位受到國際矚目和推崇的昆蟲研究者、攝影家，卻從來都沒有人去關心、重視。於是，報紙和雜誌紛紛前來採訪李淳陽。這時，離他開始籌備拍攝昆蟲影片，已經整整十年過去了。

國內最著名的科普雜誌《科學月刊》，一向積極介紹科學知識，特別為李淳陽做「封面故事」的報導：「這是本刊第一次對現在在國內工作的科學家本人加以介紹。……我們希望藉這篇報導，激發對博物有興趣的人，嘗試走這條不太『功利』的路，更希望讀者們從本文得到一些啟示。」編者這樣解釋。在這篇報導最後，並且附有一個「裁角印花」，讀者只要撕下，就可持著去參加特別舉辦的「李淳陽影片觀賞會」。

頗負盛名的電影雜誌《影響》，也對他做了長達九頁的訪談：〈來認識李淳陽〉，非常詳盡、深入的解說他拍攝過程的專業技術與甘苦經驗。編者在前言這麼說：「沒看過他的電影的人總想設法一睹究竟，看過他的電影的人，更想進一步瞭解李淳陽這個人。到底什麼理由使得李淳陽如此引人注目？……」

另外，《台北攝影》雜誌則這樣介紹：「李淳陽博士在我國攝影界，完全是一個陌生的名字，但其成就之高，卻非鼎鼎大名的攝影名家、攝影大師所能望其項背。……深願這一篇轉載，能改變我國攝影界的風氣，大家腳踏實地的從事技藝的研究，而不再徒尚什麼榮銜。」

報章雜誌如夢初醒，這樣熱烈的報導李淳陽，而原本對於「英國廣播公司」要採訪李淳陽頗不以為然的新聞局，這時也改變了，在他們的國際宣傳刊物《遠景》（Vista），做了專題報導：〈開啟一扇大自然之窗〉——「李博士說：『我想要幫助人們敞開心胸，來看看大自然的美。』……這部影片，真正打開了我們的眼睛，看見了一個嶄新的世界。而這個世界，本來就一直存在於我們腳下和身邊，只是過去因為太忙碌而忽略了。……」

這份月刊主要是介紹台灣的各項發展狀況，可說是此時台灣最重要的對外宣傳刊物，每期印刷十多萬份，分為英文、日文、法文、西班牙文和德文等各種語文版，贈送世界各國的圖書館、大學、文化中心以及外交辦事處。

這刊物雖是新聞局所發行，但由於委託國內極富盛名的《漢聲》雜誌社編製，選取的主題包羅萬象，既不像政府一般文宣的八股老套，編輯和報導手法也很出色，因此相當受到各地人們的重視和喜愛。藉由這份國際刊物，李淳陽的故事和他影片中的台灣各種昆蟲，一起飛到世界各國去了。

在民國五〇、六〇年代，台灣對於昆蟲的研究，主要還是著重「應用昆蟲」方面，也就是對於農作物、森林以及環境衛生的害蟲的防治。所謂「昆蟲研究」，幾乎可以說就等於是「害蟲研究」，除此之外，對於昆蟲的行為、生態種種，並不受重視。

在大學中，沒有獨立的「昆蟲學系」，研究人才也相當有限。相關的政府研究機構不多，研究經費也很缺乏。而市面上，本土昆蟲的書籍刊物有如鳳毛麟角，昆蟲影片就更不用提了。

李淳陽的作品，是台灣第一部自製的「本土昆蟲電影」，也可以說是第一部自製的「本土生態電影」，難怪會引起社會大眾這樣廣泛的好奇與矚目。

放映電影的苦行僧

一篇篇的新聞報導，使得人們渴望一睹李淳陽的風采，以及他名聞遐邇的傑作。他從小小的攝影棚走出來，應邀去各處演講，並放映他的影片。

他拍攝昆蟲影片的目的，本來就是希望能吸引人們來認識身邊的大自然，關心和尊重所有的生命，所以他非常樂於像個「大自然的傳教師」，不辭辛苦的到各處去宣導。

科學振興會、台北醫學院、東吳大學、師範大學、扶輪社、耕莘文教院、救國團……各團體和學校競相邀請他前去演講——

「……主辦單位料想不到這次的放映竟造成了空前的轟動，整間禮堂座無虛席外，連左右的走道也擠滿了人；有人引頸觀賞，有人爬上桌子爭睹難得一見的昆蟲世界，熱鬧的場面，可見昆蟲的生態世界，是深深吸引人的……」

「……充當放映室的那間大教室，原可容納一百五十人，竟擠了約三百人。影片一閃即逝，許多珍貴鏡頭不易留給大家深刻的印象，李淳陽特別在放映前，用他採自影片的一套幻燈片，先做一番解說。他用很生動幽默的言詞說明，會場不時爆出笑聲……」

報上這樣描述各場演講的熱烈狀況。

不僅在台北，其他地方也會來邀請。例如台中市舉辦「科學講座」，每週邀請專家學者演講，介紹科技知識。李淳陽的那場，吸引了一千多名中小學生，創下這講座最多聽眾的紀錄。他幽默有趣的講解，使得全場掌聲、笑聲不絕。結束後，觀眾還圍著他不放，繼續求問。

「只見他像個宣揚教義的苦行僧，帶著影片、放映機，僕僕風塵地趕去，而在揮汗如雨地忙過之後，唯有回家享受冷開水……」

這時，台視有個社教節目「挑戰」，也因為「向科學『挑戰』要花費不少的心血與財力」，特別邀請他上節目現身說法，介紹他在漫長的昆蟲研究過程中，所面對的種種挑戰。

甚至連幼稚園都來邀請他，李淳陽半信半疑的去了，他心想：「小孩子看得懂嗎？」

在放映的過程，果然孩子們坐不住，不時的嘻笑玩鬧，讓他不免有些失望。

等到影片出現「偽裝大師」蚜獅，只見牠把各種廢物都堆到背上，怪模怪樣的走著，突然，有個幼童大聲的喊出來：「垃圾車！」

其他孩子也都興奮的指點、叫喊起來。李淳陽開心的笑了：「就為了這一句話，我過去那麼多年的苦心並沒有白費啊！」

放映完畢，老師要大家畫下剛剛看到的最喜歡的昆蟲。出乎李淳陽的意料之外，一張張都畫得很詳細。原來孩子們不但能觀察，也都聽得懂的，可不能小看了他們。他很感動，就跟老師借了這些畫，一張張翻拍成幻燈片，作為紀念。

「老李，你現在知名度這麼高，應該好好利用你的名氣來賺錢！」有朋友看到各界熱烈的反應，就這樣建議李淳陽。

「用名氣來賺？要怎麼賺？」李淳陽聽不懂。

「很簡單啊，比如說可以開補習班，只要掛出你的姓名來，教攝影、英語或是日語，都可以。靠『李淳陽』這三個字，保證一定會是大熱門的！」

這些哪是他會感興趣的事呢？如果只是為了要賺錢，他才不會那麼帶勁的做。像「英國廣播公司」付給他的影片使用費，都還不夠這些年來他所用掉的底片費哩。

他到處奔波、放映、解說，對於人們種種的熱烈回應，當然感到很欣慰。可是，在他心底深處，還有一個未了的夢。

未解的謎

在他多年拍攝昆蟲的過程中，常常會對昆蟲的種種奇特行為感到驚訝、震撼。每段影片拍好、沖洗出來，他又一遍遍的檢視。反覆觀看時，昆蟲的各種動作和變化都可以看得更清楚。而每次在演講中，放映影片時，他也會特別留意觀眾的反應。

像是放映到搖籃蟲開始折捲葉子的場面，全場總是會一片屏息寂靜；當牠折過來又捲過去時，就會聽到人們忍不住的讚歎聲，此起彼落。

「哎，明明影片上出現的是小蟲子，為什麼會覺得像是看到人在做呢？」一定有許多現場觀眾會在心底這樣自問著罷。

搖籃蟲生來就會折捲葉子，不必有別的搖籃蟲來教牠，這或許可以說是牠的「本能」。可是，看牠在折來捲去的過程中，明明也會因應不同的狀況，作出不同的調整，並不完全只是很機械化的反應動作而已。

「這難道不就是代表了牠們可能也會像人一樣，有『思考』的能力嗎？」李淳陽一再思索著。

他回想有一次放映這段影片給朋友們看，有人就衝口喊了一聲：「這哪是蟲！是人嘛！」

這句話，像針一般忽然刺了他一下：昆蟲，真的會跟人一樣嗎？

又如狩獵蜂，也讓他深思。「英國廣播公司」那部影片的旁白，是特別邀請著名的自然作家安東尼・史密斯（Anthony Smith）所撰寫的，如詩一般簡潔而生動有力。當影片播映到狩獵蜂捕捉捲葉蟲那段時，旁白所用的「心理戰」、「頭昏腦脹」……這種奇特的詞語，一再引起李淳陽的注意：「這些通常是用來形容人類的行為，如果拿來解說蜂和捲葉蟲的動作、反應，會是恰當的嗎？」

可是，他一遍遍聽過，越聽就越覺得這樣的形容實在很有道理。

「看那隻蜂，先是緊追不捨，凶狠的竄來竄去；突然靜靜的伏在葉苞開口處不動，以逸待勞——這種行為，一定是有意義的，牠絕不是傻傻的等待而已！」李淳陽不斷的思考著：「那麼厲害的蜂，真的是在『動腦筋』狩獵；而可憐的捲葉蟲，知道大難臨頭，被追得最後也確實『頭昏腦脹』，只有束手就縛了。」

這些，不是跟人類的反應也很相似嗎？

李淳陽不禁常會回想起中學時期所讀過的《昆蟲記》——法布爾做過很多實驗，想要了解：「昆蟲是有智慧嗎？或只是靠本能在做動作？」

例如，當狩獵蜂抓著獵物的觸角，要拖向牠的巢時，法布爾偷偷把蟲的觸角剪斷，結果，蜂不會換抓其他部位，就放棄獵物了。

法布爾也做過另一個試驗。有種蜂會用土做成壺狀的巢，把蜜放進去後，再產卵，然後封起來。當牠正在做巢時，法布爾把巢體戳個洞；這時，蜂會立刻就修補好。可是，當蜂做好巢，開始收集蜜時，法布爾再戳個洞，讓蜜流走；這時，牠卻只是繼續收集蜜，不會回頭去補修破巢。……

像這樣，法布爾對各種昆蟲做過非常多的實驗後，他的結論是：昆蟲的行為都是靠著「本能」的指示，一步步做下去；如果遇到意外，牠們就不會應變了。也就是說，昆蟲是不會思考的。

第一次讀《昆蟲記》這套世界名著時，李淳陽還只是個未曾接觸過真正昆蟲世界的少年，當時他對於法布爾的「本能說」感到有點失望，但卻沒辦法辯駁。可是現在呢，他已經快六十歲了，在這四十多年之間，他長期而深入的觀察、研究和拍攝昆蟲，見過牠們表現出各式各樣的奇妙行為，每每令他驚歎不已。種種的證據，使他再也無法同意「本能說」了。

「我一定要揭開『昆蟲會不會思考？』這個謎底。」李淳陽想：「狩獵蜂會用

『心理戰』，會是最好的實驗對象，我要像法布爾一樣，對牠們做各種實驗來求證。」

只是在這時，他連這種蜂抓了蟲之後飛去哪裡、在何處做巢、做了什麼……完全都不了解，要怎麼做研究呢？

第十三章 與狩獵蜂共渡的時光

李淳陽最想了解的是：狩獵蜂靠牠的「本能」可以做出很多事，但是，到底牠有沒有「智能」？遇到意外狀況時，會不會思考來應變呢？……

發現狩獵蜂了！

一隻狩獵蜂帶著獵物飛過來，很快的，鑽進竹掃帚的把柄裡面。

「啊，原來黃面蜂就是在這種地方做巢！」李淳陽興奮的叫出來。

這枝竹掃帚就靠在「鳥仔間」的牆邊。他在旁邊靜靜守候著，等蜂用泥土封好竹管口，飛走後，就剖開竹把柄——果然裡面擠得滿滿的捲葉蟲。

「太好了，原來蜂的『育嬰室』就在竹管裡面！我終於可以來研究牠們了！」李淳陽開心的想。

在他完成昆蟲影片後，一直就渴望能夠進一步去研究狩獵蜂，解開他心中的「昆蟲會思考嗎？」這個大謎。過了兩年後的這個夏天，機會終於來了。

這種黃面蜂常會把巢設在較隱蔽處的竹管或現成的洞穴、木頭縫裡面。另外有一種「棕面泥壺蜂」，築巢的習性也和黃面蜂很像，因為臉部有點紅，所以李淳陽就叫牠們為「赤面蜂」。

當蜂選定一根竹管後，就會從上管口鑽進去，在裡面先產個卵。這個卵，是用一條細短的絲，懸掛在竹管的內壁上。蜂媽媽這樣做，是一種安全的考量，因為等一下牠抓捲葉蟲進來堆放時，可以避免蟲的蠕動會傷害到卵。

安置好後，牠再出去抓蟲。這時，「蜂媽媽」搖身一變，成為最厲害的「狩獵者」。經過一番精采的「鬥智之戰」（見一九六頁）後，蜂帶著被牠打過「麻醉針」的獵物，飛回新設的巢穴。牠從竹管口爬入，把蟲放進「育嬰室」內，作為即將孵化的小寶寶的儲備糧食。牠一遍又一遍的抓蟲來，一隻隻整齊的疊好。

接著，牠再飛出去喝水、咬小土塊，在嘴裡混成了泥丸後，再飛回竹管裡。這時，蜂媽媽化身為為技術高超的「泥水師傅」，為「育嬰室」的上方糊出一層隔間用的「天花板」。這層板需要很多泥土才夠用，所以牠會不停的忙進忙出，一遍遍去喝水、咬土、糊製著。

做好一個「育嬰室」後，工作還沒完哩，勤奮的蜂媽媽繼續在原來的「育嬰室」上一層，又重複前面的每個步驟——產個卵、抓幾隻捲葉蟲、喝水、咬土、糊出隔間板……一直不停的，做出一個又一個「育嬰室」。因為竹管是直立的，所以這些「育嬰室」是從竹節開始往上，一個個做上去：前一室做好的天花板就成為下一室現成的地板。有的在第一室做好後，會留下一段空間，再往上做出第二室。在一根竹管中，有時會做出七個「育嬰室」來。

最後，在竹管的管口，蜂媽媽又用泥土一層層的糊滿、封閉，以免螞蟻、寄生蜂、寄生蠅……等外敵侵入。

真是令人難以想像，原先那兇狠精明的狩獵者，竟也會有這樣溫柔體貼的「育嬰專家」的一面呢。大功告成，蜂媽媽可以放心離去了。

在這樣精心打造的「家」中，蜂寶寶們安全無虞。在夏季，大約四十八小時後，就會從卵中孵出來。牠們一點也不用擔心，因為身旁就是現成的美味食物——又肥大又新鮮的捲葉蟲，由於經過蜂媽媽事先注射過「麻醉針」，可以保持大約七天不會腐壞。蜂寶寶先是一隻隻的吸乾體液，再把身體全都吃得一乾二淨。然後，蜂寶寶就靜止不動，大約十天後會化成蛹。不久再羽化變成蜂，於是就從隔板的泥層中挖個洞，鑽出去了。

而蜂媽媽呢？牠做成一個「育嬰室」，平均要花半天到一天。比較能幹的，在一根竹管中做出三、五室，大約兩天就完成了。

牠們差不多從天剛亮就開始動工，一直忙到到晚上，家家戶戶開了燈，還繼續在做，下毛毛雨時也照做不誤。一直做，做到精疲力竭死去為止。

牠們找得到巢嗎？

李淳陽和小兒子哲夫用手電筒，照進黑黝黝的竹管內，看了一遍又一遍，把蜂在裡面的一舉一動全都研究清楚。接下來，可以好好來做各種實驗了。

李淳陽最想了解的是：狩獵蜂靠牠的「本能」可以做出很多事，但是，到底牠有沒有「智能」？遇到意外狀況時，會不會思考來應變呢？

要求證這一點，就必須做各種實驗。就像法布爾所說的：「觀察已經是挺累人的事了，但這樣還不夠，還必須做實驗，要親自介入，創造人為條件，迫使昆蟲向我們揭示在正常情況下緘默不語的事。」

也就是說：要設計各種難題，來「考」狩獵蜂，看看牠們遇到意外狀況時，到底會表現出什麼樣的反應來。

做這些研究，要長期而持續不斷，花費的時間和心力都會是非常的驚人。正好有個難得的好機會降臨了——原來，當新聞局見到「英國廣播公司」所拍製的「李博士的昆蟲世界」影片引起熱烈迴響後，便向農試所借調他，來協助拍攝一部類似的紀錄片。因此才使得李淳陽得以有充裕的時間，專心來進行這項「狩獵蜂研究計畫」。

而這時小兒子剛退伍在家，對於這個研究也很感興趣，正是最好的幫手。

這種戶外的觀察和記錄是非常累人的工作。他們要一直聚精會神的，緊緊盯著蜂的行動，隨時看碼錶，記下每個動作發生、結束的時間；同時要在筆記本上，詳細的用文字描述一遍。必要的時候，還要畫圖來解說，像是：飛行的方式、飛行的路線……等等。不但要用手電筒照射，來看清楚蜂在竹管內的動作、反應；而且要把竹管剖開來，計算各室「獵物」的數量，也要一一秤重，登記清楚。在筆記本上，也要畫出竹管內部的情形，每一根都要記錄。當然，還要想辦法儘量把過程拍成照片或影片。

蜂不大，動作很快，稍不留神就會錯過牠們細微的、關鍵的動作，所以要非常的細心、耐心、專心又有恆心。兩人身上都掛著哨子，分據不同地點守候，一見到蜂開始有所動作，立刻吹哨提醒對方留意。

這時正是炎熱的夏天，在大太陽底下長久的等候、監視、追蹤、記錄，眼睛眨都不能眨一下，簡直就是自討苦吃。就這樣，李淳陽和兒子在自家的後院裡，開始跟狩獵蜂做起一項項實驗來了。

他們先去買了一些竹管，把最上端的竹節鋸掉，再鋸成大約一公尺長，在屋簷下一根根直立起來。果然，蜂很快的就被吸引來了。有隻蜂看上其中一根，鑽進去產卵。等牠飛出去狩獵時，他們就做了幾項實驗——

「如果我們把這根竹管和別根換位置，牠能不能找得到？」兒子這樣建議。

蜂抓捲葉蟲回來時，很快的進入已經被換過位子的竹管，立刻又出來，在這根「假巢」四周飛一陣子，不再停下，看來牠已發覺不對勁了。然後，牠再飛回原先的航路，重新再飛回來，大概是要確認自己有沒有飛偏。當牠第二次飛回原航路時，李淳陽已經把「原巢竹管」換回原位。這次牠一飛回，馬上就爬進去了。

試過多次後，他們發現：如果換成別根的話，有的蜂遠遠飛來時就能察覺，不會停下，一直就在附近繞；有時已經飛到竹管上面，也不敢停下。如果換上一根顏色很像的，牠也會分辨出來；有時牠勉強停一下，馬上又飛走。

最後，他們認為：蜂通常從竹管的外觀就可辨認出是真是假；要不然，再用腳或用觸鬚碰觸一下，也立刻會知道。

進一步，他們想知道：蜂是不是也像賽鴿一樣，有「歸巢」的能力？如果把牠帶到完全陌生的環境，還能回得來嗎？

為了求証這一點，他們又做了三次試驗——每次在黃面蜂快做好巢，就要封口時，將牠捉起來，在背部用強力膠黏上一點紅色顏料，做為辨認的記號，然後帶到遠處去放。

第一隻，在日落前，被帶到巢南方大約五百公尺的地方放飛。結果，第二天日出後約兩小時，牠就飛回來了。

第二隻，在正午時，帶到巢西方大約五百公尺處放飛。這裡鄰近大馬路，植物又少，牠以前應該不可能曾經來過。沒想到，才兩小時，牠就回來了。

第三隻放得更遠了，在正午前，帶到巢的西北方大約一千五百公尺處，這次是在車水馬龍的大馬路上放。才放飛不久，突然下起大雷雨，持續三、四小時之久。

「慘了，」李淳陽憂慮的對兒子說：「牠大概會被大雷雨打死了。」

第二天，整個早上都沒見到牠的蹤影。正午剛過，李淳陽卻驚喜的看到牠回到巢裡，繼續昨天沒完成的工作。

這隻歷劫歸來的蜂媽媽，顯得有些疲累的模樣，仍然還是不停的去喝水、咬土、封上竹管口……。

「突然被丟在完全陌生的環境，在可怕的『都市叢林』裡摸索、求生，又要小心閃避橫衝直撞的車輛……這是多麼可怕的考驗！」李淳陽想著：「可是，牠卻還是堅持一定要回到這裡，就是因為擔心巢中的『寶貝蛋』呀！」

他回想起曾在《讀者文摘》上讀過的一個故事：加拿大一位捕捉水獺維生的獵人，在荒野中不慎迷路；經過五十多天後，竟然還能安然獲救。他之所以能夠支撐這麼長久而不肯放棄，完全就是因為心中有著對家人的愛，強韌無比的使他堅持下去——

此時，在李淳陽眼前，浮現出那位野地獵人掙扎前行的身影，跟這隻正緩緩飛行、繼續工作著的蜂媽媽互相疊印在一起。這種由於對下一代的愛，所激發的執著行為，使李淳陽不禁非常的感動。

牠們也有感情嗎？

有一個傍晚，李淳陽看見一隻赤面蜂在竹管內放進四隻捲葉蟲後就飛走了，這時天色已經很暗，牠並沒有在巢裡留守。

第二天清晨，當蜂回來時，正好撞見一群螞蟻在搬走牠的獵物。只見蜂很快的解決掉這些侵入者，然後，把那四隻捲葉蟲也一隻隻抓出去，就像是飛機投彈一樣全丟掉了！

另外一次相似的情況發生時，李淳陽看到蜂把捲葉蟲帶到附近的樹上，狠狠的用力螫，甚至咬爛了才丟棄。看蜂那樣的動作，簡直就像是氣瘋了般，憤怒得要激烈報復才行。

他們一遍遍的觀察，才發現：遇到這樣的狀況時，蜂媽媽在竹管內如果找得到卵，通常就會繼續去抓新獵物來；否則就會把先前貯存的蟲都抓出去丟掉，然後離開，連巢也捨棄不要了。有的則是會封口後才離開。

李淳陽又動腦筋來做另一項實驗：當黃面蜂出去捕獵時，他偷偷的把巢中的卵取走。

蜂帶著獵物回來，鑽進竹管，一發現卵不見了，牠立刻緊張得爬上爬下，又鑽出去，在竹管附近飛來飛去。然後，牠在管口徘徊著，並且擺出守衛的姿態。

接著，蜂開始把竹管內的蟲抓出去丟掉——當牠帶走了第一隻蟲後，李淳陽立刻把原先的卵還回去。

蜂回來準備要帶走第二隻蟲時，突然發現「失而復得」的卵，只見牠立即靜止不動，面對著那個卵，不停的擺動著觸鬚。過一陣子，牠才又慢慢的，爬上管口，動作看起來已經完全不緊張了。牠再慢慢爬下去看牠的卵。這樣上上下下幾回後，蜂就鑽出去，繼續捕捉新獵物，恢復原先的行動。

「原來蜂也不是不知變通的呀！」李淳陽讚歎著：「突然遇到意外的狀況，牠也會跟著改變做法哩。」

牠們會改變步驟嗎？

李淳陽想更進一步來求得解答：蜂要做成一根竹管的巢，必須經過很多道手續，那麼，牠是不是每次都會照著同樣的步驟做？從來都不會改變嗎？

蜂做巢的順序，都是從直立的竹管上端切口進去，往下到了竹節後，開始做第一個「育嬰室」，然後往上，陸續做出一室室來。

「如果洞口是開在兩個竹節中間，牠會怎麼辦？」李淳陽又動腦筋，要給蜂做測驗了。

他們在籬笆的幾根長竹管中央下部附近，都鑽了圓形的洞，讓蜂來築巢。

有一隻黃面蜂果然接受這個挑戰：牠進去圓洞後，真的就往上方做了一個「育嬰室」！

可是這種「由下往上做」的方式，實在是太吃力了。想想看：在竹管內，要把捲葉蟲一隻隻往上拖，而不是往下放，那會是多麼艱難的動作！而且牠還必須要懂得先做出部分的「隔間底板」，才能放置蟲。

這些動作，實在太辛苦了，難怪牠接著在圓洞下方做好第二室後，就封口了。平常做出三室差不多只需一兩天，牠卻花了好幾天才完成。

不過，李淳陽卻看得又高興又感動。這隻蜂這樣的嘗試行動，其實並沒有白費工夫，因為牠已證明了一件非常重要的事：蜂並不是都只會一成不變的，按照步驟進行而已；牠還是會看環境需要，來決定作業程序的。這是不是可以說明：「不同個體間也會有差異的行為」呢？

牠們也會健忘嗎？

蜂媽媽為了要糊出「育嬰室」的隔板，以及最後的封口，必須頻繁的去喝水、咬小土塊，所以牠們在開始築巢、產卵之前，就會先找到「水源地」和「取土場」。像池塘、積水的樹葉或潮濕的石頭，都可能會是牠們的水源地。

牠們會先飛去喝飽水，再轉去咬土，一邊咬一邊吐出水來濕潤，混成泥丸來使用。通常滿肚子的水，剛好可以做出兩個小泥丸。

李淳陽看到有一隻赤面蜂很特別：牠還沒有去喝水，竟然就先直接飛向「取土場」的方向，快要到達時，才好像忽然想起，立刻折向「水源地」。

這隻迷糊的蜂，第二次又是同樣忘了，一直到牠已經降落在「取土場」上，才又趕緊飛去取水。

第三次更糟啦，牠已經開始咬土了，才發現肚子裡空空如也，於是趕緊又回頭，飛去喝水。

「哈哈！」李淳陽看得不禁開心的笑了起來：「原來蜂也會和我一樣健忘嘛！」

第二天，當這隻蜂媽媽開始做隔間泥板時，李淳陽仔細的檢查竹管內部——這根竹管是水平放著的，他發現裡面有一塊乾的小土塊！

本來依照蜂的習慣，要做巢時，裡面一向都會清得很乾淨，任何髒東西都會咬出去丟掉。想來就是健忘的牠曾經忘了先喝水，把乾土塊直接帶回來，發現沒辦法使用，只好暫時放在一旁了。

「那麼，牠現在會不會先去喝了水後，直接就飛回來，把這個小土塊混成泥丸來使用？這樣可以省去一趟取土的工夫，不是很聰明嗎？」他想。

結果不然！蜂飛去喝了水後，還是照樣去咬土。不過，飛回來進入竹管內，經過這個乾土塊時，順便就把它撿起來，一起混成更大的泥團來使用了。

「啊，一次就解決了，比我預料的更聰明哩！」李淳陽邊看邊稱讚。

牠這種做法，讓李淳陽開心了好久，每次一想起就忍不住會笑出來：「也許這隻蜂在撿起這個乾土塊時，也會自言自語的說：『哎呀，我怎麼會這麼健忘啊……』」

牠們也會懷疑嗎？

觀察過蜂一次又一次的工作，李淳陽發現了一件事：在做巢的過程中，如果被擾亂，那麼牠在封口時，就會出現不同的封法。例如，李淳陽攝影時閃光燈的照射，會使蜂把封口做得特別徹底。這代表牠很緊張、不放心，平常大約半小時可做好的，這時會花兩小時才做完，而且泥層封得很高。

有一次，李淳陽要拍蜂的封口過程，由於角度不佳，蜂在做的時候，總是背部朝向鏡頭。牠已經快做好了，李淳陽就趁牠再一次飛去取土時，用原子筆把洞戳大一點，希望能多拍幾次。

蜂帶了泥丸回來，發現洞口有問題，立刻把泥丸放在洞口邊，爬進去檢查。出來後，牠先從洞口未完成的泥層咬了塊土，再進去裡面加強隔板。然後，繼續封口的動作。

當牠又飛開去咬土時，李淳陽再一次把洞戳大。這次蜂飛回來，放下泥丸，立刻鑽近竹管裡檢查；爬出來後，飛過來檢查他的攝影機，繞了一陣子，再回去補洞。

當他第三次把洞弄大，蜂飛回來後，把泥丸一放下，直接就朝李淳陽飛來——這時正是炎夏，他因為怕熱，攝影時都是穿短褲、光著上身。蜂竟飛過來檢查他的肚臍！

正在旁邊幫忙的李太太，看到蜂這個奇特的舉動，不禁開心的笑了起來。

平常蜂要檢查時，飛的路線是波浪狀的。而這時，牠卻直直飛過來，那動作看起來倒像是在恐嚇李淳陽一樣。

李淳陽站著沒動，讓蜂飛繞著檢查。他一點也不害怕，反而非常感動：「你這小傢伙啊，你會這樣的懷疑，而且越來越強烈，這種行為已經不像是蜂了，根本就是人嘛！」

就算蜂這時會氣得狠狠刺他一針，他也絕對會「刺不還手」，心甘情願的讓蜂出氣，因為他覺得對蜂擾亂太多，實在很抱歉。不過，他也知道這種蜂是不會叮人的。

最後，這隻蜂還是飛回去，並且封口了。李淳陽心想：「我應該要戳第四次，試試看蜂還會有什麼反應。」

但為何他終於沒那樣做呢？因為他已經把這隻蜂視為人了，實在不忍心再破壞第四次。

這隻蜂飛走了，留給他們的是一個值得沈思的大問題：為什麼同樣的刺激、同樣的封口被弄壞，而蜂的三次反應卻都不一樣呢？這是不是代表著牠們不僅僅是「本能」的反應而已？

牠們會做算術嗎？

為了要了解蜂在每個「育嬰室」裡，究竟會放進多少隻「獵物」，他們前後剖開過上百根竹管來檢查。結果發現：在第一個和第二個「育嬰室」裡的捲葉蟲，數量和重量都差不多。如果蟲體較小，數量就會多一些；蟲體較大時，數量就相對的少一些。

其實，「有數量觀念」這一點，在昆蟲界來說並不是非常稀奇的事。例如有些種類的寄生蜂，會依照固定模式的本能，看寄主的體型大小，來改變在寄主身上產卵的數目。

可是當李淳陽發現蜂竟會表現出「懷疑」這種行為，使他感到「很像人類」時，他忍不住會好奇的想：「如果牠們的數量觀念也和人類相似，也是會靈活運用的話，那牠們能不能做一點會變化的算術呢？」

於是，一連串的「算術考試」開始啦！

首先，讓蜂來做「加法測驗」看看——

「假如牠在第一室貯存了十五隻蟲，那麼，在第二室也應該會是大約十五隻。好，當牠在第二室中放進去五隻時，我們就替牠添進去十隻，數目足夠了，那牠會有什麼樣的反應呢？」李淳陽對兒子這麼建議。

如果是人類遇到這種情況的話，大概會很快樂的想：「太好了，真是意外之財啊！既然已經夠了，就休息罷，不用再去抓了。」

可是蜂呢？只見牠用觸鬚慢慢的觸探這些「禮物」，以及自己的卵。然後牠爬到洞口，呆了大約兩分鐘，再飛出去狩獵。最後，還是照牠原來要的數目抓來，並沒有因為「天上掉下來」那些捲葉蟲，就少抓了。

他們對黃面蜂做過好幾次這樣的測驗，結果都差不多。起初，李淳陽有點失望：「既然我們幫忙抓了這些蟲來，你們可以比較輕鬆了，為什麼還照樣辛苦去抓呢？」

後來他又想：「如果在我的銀行存款中，突然增加了一大筆來路不明的錢，我一定會覺得怪怪的，絕對不肯接受的。」

想到這裡，他不禁笑了起來，不知道該稱讚這些蜂是跟他一樣老實呢？還是要笑牠們根本就是跟他一樣傻?

接下來，讓蜂做「減法測驗」看看。

「假如蜂在第一室裡貯存了十五隻蟲，那麼，當牠又已經在第二室內放進十隻時，我們就偷走八隻，只留下兩隻給牠，看看蜂會不會計算出來還要再補上十三隻才夠原來數目。」李淳陽這樣打算。

當蜂媽媽回來後，立刻發現不對勁，只見牠非常「震驚」——牠急急停住，觸鬚急速的動動停停，接著又去翻動僅存的兩隻，好像在檢查什麼似的。然後回到管口，擺出警戒姿態，一直到夜幕低垂。

第二天，牠恢復出去捕獵，只再放進去五隻後，就封口了。

這個測驗，李淳陽做過很多次，每隻黃面蜂都不會補全失去的獵物數目。

這時冬天近了，李淳陽後院所有的黃面蜂都離開了，只剩一隻赤面蜂，在竹管口靜靜的伏著不動。

「喂，你這懶惰蟲，是不是動作太慢，做不完？」李淳陽決定對牠來做最後一次測驗。

可是這隻蜂有點怪，連續三天都沒有行動。等到氣溫已經回升，牠才開始動作——只見牠把原先貯存的三隻捲葉蟲全都抓出去丟掉，然後才又開始捕捉新獵物。

「為什麼要這樣做呢？」李淳陽很驚訝：「也許牠知道這三隻存放了三天，已經不夠新鮮，不能再給牠的寶寶當食物了吧？」

赤面蜂重新在第一室內存進七隻蟲後，就封上，再繼續為第二室去抓蟲。

李淳陽了解「標準存量」是七隻後，就開始來出「考題」了——

當蜂在第二室中存進五隻時，李淳陽就取走四隻，只留下一隻給牠。

赤面蜂回來一發現，那種震驚的模樣真是難以形容：牠呆住了，觸鬚急速擺動，而且還抱著獵物不放。牠幾次在竹管中爬上爬下，又倒退，然後帶著那隻蟲離開了。

大約兩分鐘後，牠仍帶著蟲回來。放下後，又出去，在竹管附近周圍繞飛一趟，再飛回來，進去把裡面的兩隻蟲擺好。

接著，牠又出去，陸續又抓回來六隻蟲，才封上這一室。加上被偷掉的四隻，牠總共在這一室中放進了十一隻！

李淳陽忍著激動的心情，繼續再看下去：蜂在第三室中放進七隻，就封口了。

也就是說，「標準存量」應該是七隻，可是第二室因為被偷走了四隻，所以牠才特地多抓一些來補充損失！

「原來你並不是懶惰蟲，而是『天才』啊！」李淳陽興奮的這樣誇讚牠：「是我錯怪你了。」

這隻「天才赤面蜂」令李淳陽終生難忘。

昆蟲真的也會思考嗎？

總結起來，李淳陽認為：這些小小的蜂除了天生會抓獵物、築巢之外，其實也會有感情反應，也有思考能力，表現出跟人類相似的行為。這些，在動物行為學上，可說是很值得再進一步去探討的新發現。「這兩年，是我從事昆蟲研究以來，覺得最有趣，也是最有意義的時光。」李淳陽常會對家人、好友這樣說：「這些發現，讓我覺得這輩子真的沒有白過了。」

在做這項狩獵蜂的觀察、實驗過程，法國昆蟲學家法布爾時時會浮現在李淳陽的心中。

從中學起，他開始讀《昆蟲記》時，就受到法布爾的啟蒙。而這些年來，他也把對於法布爾「本能說」的疑問，一直放在心裡，也因此才想要做這些研究。說起來，這一切都要感謝法布爾。

李淳陽一直非常敬仰法布爾，對他所做的那麼多的觀察與實驗，都極為佩服。只可惜這位老前輩早已過世，要不然，李淳陽真想拿著這些發現去請教他，虔誠的問一聲：「法布爾老師啊，請問，您對我的這些發現，有什麼意見呢？」

第十四章

馳名全世界

李淳陽從沒有想到，藉著《讀者文摘》雜誌，竟會將他和他的昆蟲們傳到世界各地，讓不同種族、不同國籍的人們，同樣都對台灣島上這些小生物驚歎不已……

國際電影節大獎

「美國攝影學會主辦第四十八屆國際電影節，將於民國六十六年九月舉行，歡迎全世界所有攝影愛好者參加比賽。主題不限，分為業餘組、電影科系學生組和專業組三類。……」

「我去試試看吧，」李淳陽看著報上的消息，對太太說：「如果能得獎，或許可以讓更多人看到這部影片。」

他把影片重新剪接成五十分鐘，取名為：「The Hidden Events」，意思是：在隱密的世界中，也有著戲劇性的事件一直在進行著。

可是，旁白和配樂就讓他頭痛了：如果要把聲音錄在影片磁帶上的話，必須寄去美國柯達公司製作，這筆費用不少，而他的存款早已「山窮水盡」了。

李淳陽決定用最簡便的方式——買來一捲錄音帶，再向朋友借錄音機，自己一邊看著影片播出，一邊跟著唸出英文解說；在不需解說的畫面，就放唱片當配樂，或者乾脆吹幾聲口哨配上去。

這當然是最克難的方式，不但收音的效果很差，而且在播放影片時，必須要同時放錄音帶，可是兩者的速度很難會剛剛好同步，一不小心，畫面已放到野地蠅，可是聲音卻還在講搖籃蟲哩。

這種情形當然很糟糕，可是限於經費拮据，也別無他法。就這樣完成作品，姑且寄去業餘組試試看。

不久，主辦單位來信告知：他的影片水準太高了，所以決定列入專業組。

「這是全世界最大的比賽，放在業餘組已經沒多大把握，哪能跟專業攝影家比呢？」李淳陽這樣想，又聽說總共有兩千人去參賽，包括美國、日本和歐洲各國的攝影名家，於是他不再抱什麼希望，也就忘了這件事。

沒想到，到了八月初，他突然接到影展主席來信道賀：「恭喜你得到專業組的首獎！」同時極力邀請他出席頒獎典禮。

這可是台灣自然生態電影第一次在國際上獲得的殊榮哩！想來評審們一定很能體會他拍片的用意和功力，所以根本無視於那不標準的英文發音、糟糕的錄音效果，還是把首獎頒給他了。

由於當年「英國廣播公司」所拍攝的李淳陽的專輯引起熱烈反應，因此新聞局隨即也跟著製作了一部紀錄片：「李淳陽的昆蟲世界」，全長二十八分鐘，內容是以他所拍的昆蟲影片為主，再補進一些他的工作、生活等畫面。

這部影片，獲得第二十五屆「亞洲影展」的最佳自然界紀錄片獎；同時又在美國西雅圖的第二屆「黑鯨國際影展」中獲得佳作獎。而新聞局也將它配上七種語言，發行到世界各國。

這一連串的國際大獎，對李淳陽來說真是喜出望外。多年來自己「土法煉鋼」式的埋頭苦幹，竟然能夠得到世界級專家們的高度肯定和廣大觀眾的激賞，證明他多年的苦心確實是沒有白費的。

情聖・工程師・偽裝大師

「下次你要揮開一隻昆蟲，或是要把牠踩在腳下，最好先想一想：你可能正在毀掉一個優秀的工程師、盡責的父母、能騙過福爾摩斯的偽裝大師，或是，世界上最偉大的情人……」

這樣生動活潑、又令人深省的開頭，出現在西元一九七七（民國六十六）年十一月的美國《史密森尼》（Smithsonian）雜誌上。這篇報導的題目是：〈一個人的執著，揭露了隱密世界中的豐饒〉，作者是著名的自然作家提摩西・葛林（Timothy Green）。

在作者眼中，對昆蟲「執迷不悟得甚至好像有點偏執狂」的這個人，當然就是李淳陽了。

原來在前一年，當英國電視上播出「李博士的昆蟲世界」影片時，感動了無數的觀眾，其中就包括這位葛林，他正是《史密森尼》雜誌的特約作者。一看完電視，他立刻打電報給位於美國華盛頓的雜誌總部，要求讓他親自到台灣來採訪李淳陽，做一篇詳細的報導。

這份享譽全世界的自然科學與人文藝術雜誌，是由「史密森尼」研究機構所出版，歷史悠久、地位崇高，能夠在上面刊登的文章當然都是極具份量的。

「可是，這位台灣的李博士，到底是什麼人呢？」雜誌社不禁這樣問葛林。

他們曾探詢過昆蟲學界、攝影界，根本沒有人聽過有這號人物，甚至很多人也搞不清楚台灣究竟是在什麼地方。要登一個陌生小島上無名攝影者的作品，實在太冒險了吧？採訪所需的大筆花費還在其次，可不要砸了這雜誌的招牌才好呀！

可是葛林不死心。他曾跑遍世界各地，寫出許多精采報導，見過的傑出人物可多了。然而影片中的李淳陽特別讓他印象深刻，他不禁也要像李淳陽那樣，堅持非完成這個心願不可。他甚至把「李博士的昆蟲世界」影片的結語部分寄給主編。雜誌社同仁讀後也都被感動了，於是就通過他的提案。

葛林立刻連絡李淳陽。等他飛來台灣時，做事一向嚴謹、條理的李淳陽，早已整理好必要的資料：自己的生平履歷、拍影片的想法等等，而且還準備了豐富的圖片，供他挑選。

採訪順利完成，葛林高興的說：「這真是我的採訪生涯中，最輕鬆、有趣的一次了！」

最後，葛林又好奇的追問李淳陽一句：「你現在這麼愛昆蟲，這跟你過去『研究如何殺蟲』的工作，不是會互相矛盾嗎？」

「我渴望能幫助人們吃得更好、活得更健康，因此不得不犧牲一些昆蟲。可是，我絕不會無緣無故的殺害任何一隻昆蟲。」李淳陽這樣回答。

《史密森尼》雜誌不但用長達九頁的彩色篇幅來報導，連封面也是李淳陽所拍的：鳳蝶幼蟲正昂起頭，勇敢的對著侵犯的長腳蜂噴出臭氣來自衛。

文中由李淳陽剛贏得的「國際電影節大獎」影片談起：「李淳陽博士以罕見的洞察力，將昆蟲迷你小世界栩栩如生的表露無遺……」

作者用活潑風趣的筆調，一一介紹李淳陽的生平、簡樸的生活、辛苦的研究工作、與昆蟲結緣的過程，以及為何會獻身於昆蟲攝影的決心：「這個決定，支配了他的全部生活，更耗盡了所有的積蓄，也使得家庭關係一直繃得很緊。但是，他以無比的耐心，逐漸的把這部被譽為『史詩般的電影』完成了。」

同時，對於李淳陽在窄小悶熱的「鳥仔間」一再嘗試、挫折的過程，以及為了讓昆蟲演員在鏡頭前「表演」，他自己絞盡腦汁所發明的各種「哄、勸、誘、騙」的手法，作者也都詳細的描述。

除此之外，還配上李淳陽所拍的多幅精采昆蟲圖片——正在交配的鳳蝶、野地蠅做「結婚禮餅」的連續步驟、搖籃蟲細心的折捲樹葉搖籃、刺椿象正在吸食毛毛蟲的體液，螢火蟲則閃著奇妙的光在求偶……。

先前「英國廣播公司」所播映的那一集電視影片，讓觀眾直接目睹李淳陽所拍攝的活生生的昆蟲行為，受到震撼而不由得感動莫名；而這本雜誌的報導，則用詳盡、深入的長篇文字娓娓道來，讓讀者更能領會影片背後用心、艱苦的故事，同樣動人心弦。

生花妙筆的描述、感人的拍攝經歷、各種不可思議的昆蟲行為，加上精美絕妙的圖像，使這篇報導大受歡迎，雜誌一出版就銷售一空，據說還因此被選為當年美國「十本最佳雜誌」之一。這篇報導的圖片，也被這雜誌選上，印成月曆。

不久，著名的《讀者文摘》雜誌也轉載這篇報導的精華，透過中文、日文、法文、德文、西班牙文、葡萄牙文、義大利文、荷蘭文……各種不同的語文版，發行全世界，使得李淳陽更廣為人知。

李淳陽年輕時，一直用這本雜誌來自修英文，也從其中的文章得到許多啟示，但他可從沒想到，藉著這雜誌，竟會將他和他的昆蟲們傳送到世界各地，讓不同種族、不同國籍的人們，同樣都對台灣島上這些小生物驚歎不已。

後來，曾有幾位日本人，因為看過《讀者文摘》的這篇報導，還感動得特地跑來台灣，找李淳陽當面暢談哩。

請你明天再孵卵吧！

李淳陽在工作之餘的作品，獲得了世界級的榮譽和無數的熱烈迴響，上級長官主動想要表揚他，沒想到，有些單位卻反對，批評說：「他拍攝的那些昆蟲，根本沒有什麼『經濟價值』，不值得宣導表揚。」

聽到這種評論，他只能搖頭苦笑，對朋友說：「一個蘋果從樹上掉下來，很多人只會想到它的『經濟價值』，只會問：能不能吃？可是，看看牛頓，他卻因此發現了萬有引力的現象！」

民國六十六年，農試所遷移去霧峰後，每天上下班都要簽到、簽退，下班時如果慢五分鐘，來不及簽退，這一天就算曠職了。

有一次，李淳陽工作稍微晚了點，沒想到辦公室大門竟然都已經鎖上，他出不去了。

「我們是研究單位，怎麼可以有時間的限制呢？」李淳陽啼笑皆非：「像這樣子綁手綁腳的，怎麼做實驗工作？」

他的研究對象是活生生的昆蟲，哪能跟牠們商量說：「你們一定要在下午五點以前蛻完殼哦，因為我要下班了！」或是對著正要產卵的昆蟲說：「喂，今晚不可以生，因為我不能加班，等明天再生吧！」

每種昆蟲都有自己的「生理時鐘」，人類怎麼可以無理的硬性規定時間呢？過去李淳陽能夠做出那些傑出的研究成果，全是靠著「腳踏實地、無條件奉獻」的自我要求精神，才能做得到。

他是很想積極做事的工作狂，但是類似這樣的管理方式，他非常不能接受。再加上他也很不習慣各種硬性規定的行政事務，上班變成了他的一大壓力。

「盲作家」的昆蟲世界奇觀

在這苦悶不堪的時期，還好他可以把生活重心寄託在寫書之上。

自從李淳陽開始揚名國際，英國和美國的出版社爭相來邀約出書。最後他答應了專出教育讀物的美國Barron's出版社，約定兩年要交稿，於是他只好拼命趕寫。

時間急迫，壓力很大，自小就糾纏不去的「怪病」，發作得更加頻繁。多年的宿疾，到這時還是沒辦法徹底醫治。

既然已跟出版社簽了約，他只有咬緊牙關，忍受痛苦來寫。可是，只要看文字稍微久一點，頭就會開始劇烈疼痛，根本無法寫作。

怎麼辦呢？李淳陽乾脆就當起「盲作家」——先閉著眼睛思考，把每一字每一句都在腦中反覆想到成熟，再記在紙上。可是，閉著眼睛要怎麼動筆來記？

他想出一個方法：設計一塊奇特的「格板」——在一大塊硬板上，割出一列列橫式的空格，每一橫格大約一公分寬，這就等於是「一行字」的空間。然後，把板子墊在白紙上面，筆尖放進這鏤空的格子內，就可以開始寫字了。由於有格子的限制，寫的時候就不會超出格外。寫完一橫格後，提起筆再移向下一格。

就靠著這塊自製的「盲作家格板」，即使閉著眼睛，也能勉強寫出一行行初稿。等到身體比較舒服時，可以睜開眼睛了，再來改稿。

慶幸的是，這些年來，李淳陽不論觀察、研究、實驗、攝影……全都親自動手，所以如今他想在書中呈現的所有昆蟲知識，早已熟記在腦中，即使閉上雙眼，也能夠清楚的「看見」所有的資料。

就在閉著眼的黑暗中，他不顧身體的痛苦，摸索著一字一句的寫下來。花了將近兩年時間，終於完成。

由於他自小是受日本教育，對中文比較沒把握；而多年來他一直閱讀英文書刊，所以這原稿是用英文寫成的。

沒想到交稿後，卻遲遲未能出版。後來，出版社這樣解釋：「美國的各種學科都有流行趨勢，以昆蟲學來說，大約十年一個循環，而這時正是最低潮時，就算出版也難以銷售。所以改變原定計畫，想要等幾年後再出。」

既然如此，李淳陽就乾脆解約。這時國內幾間出版社也對此書很感興趣，最後，李淳陽答應其中最積極爭取的白雲文化事業公司，由他們找人將原稿翻譯成中文。

民國七十年十月，《昆蟲世界奇觀》出版了。

封面就是他在宿舍門口所拍，蟬正在羽化張翅的精采鏡頭。蟬離開多年黑暗、封閉的地底，蛻去幼蟲時期的硬殼，伸展開薄而透明的蟬翼，準備要在新世界盡情展翅翱翔、放聲鳴唱。

李淳陽會特別選用這個「脫胎換骨」的奇妙場景，作為他多年心血結晶的著作封面，的確有著深刻的寓意。

「命運的撥弄使我從一九六五年起開始著手拍攝一部昆蟲行為的影片，經過將近十年時間才告完成。……」李淳陽在前言這麼說：「本書內容已由書名明示，是介紹昆蟲世界最迷人的事實及難以置信的昆蟲行為，其基本的論點是：像人類一樣，昆蟲在行動時也會有思想的。」

書中從昆蟲與人類亦敵亦友的複雜關係談起，再敘述昆蟲無所不在、任何惡劣環境都可生存的狀況。他收集豐富的資料，對包羅萬象的昆蟲世界做了精要而有趣的介紹。

接下來各章，他再詳細的，一一說明昆蟲的棲息地、覓食、自衛、求愛與交配、變態及蟲癭等等，展現出昆蟲神秘而不可思議的世界。同時，配上他多年精心拍攝的兩百多幅昆蟲圖片，張張生動精美，更是強化了「眼見為憑」的驚人效果。

例如，為了說明搖籃蟲折捲葉苞的精采過程，他用了二十四張照片，完整而連續的呈現出來，每一步驟都配上解說，簡直就像是在看「紙上電影」一樣的過癮了。

為了讓讀者看清楚，甚至把葉苞仔細剖開，拍下被多層折疊的葉片所妥善保護的卵。同樣的，他也剖開竹管，拍下蜂在竹管內所築的多個「育嬰室」，和其中為牠的寶寶們貯存的「大餐」。

最後一章，也是李淳陽最在意的。他用「本能、智慧以及……」這樣的標題來探討：昆蟲是不是具備思考的能力呢？

最吸引讀者的，很可能就是這一章了：他詳細的說明對狩獵蜂所做的各種實驗——把竹管換位子、偷走蜂的獵物、把牠的封口泥巴戳破……看看蜂會做出什麼樣的反應來。

「也許有科學者指出這些行為只是本能。……但我們不能在迷霧中草草了之，必須面對真實：必定有『人』教授每一種生物謀求生存之智慧，生存使其種得以綿延不絕，生存不是為了要滿足無限的慾望。此『人』是誰？神。」李淳陽簡潔有力又意味深長的，為全書作出這樣結論。

這本書一推出，立刻造成轟動。在這時的台灣，圖文並茂的昆蟲書籍很少，而由本土作者自撰、自攝的更是罕見，何況這本書還展現各式各樣的昆蟲生態行為，更是前所未見。

「只要翻閱，我相信，你就會為這些活生生的畫面著迷，興起了一口氣讀完的願望。」有篇書評這麼說：「唯有兼具昆蟲知識與攝影技巧的著者，才能夠以如此生動的手法，表現出多采多姿的昆蟲生活。」

黑暗中晶亮的眼睛

《昆蟲世界奇觀》的出版，再一次引起大眾對昆蟲的好奇，尤其是年輕學子更是求知若渴，紛紛來邀請他去學校演講。

的確，一向只能死背枯燥無趣的教科書的台灣學生，哪裡有機會讀到這樣豐富、生動、精美的自然科課外讀物？何況裡面所出現的，絕大部分都是在台灣四處可以見到、可以親近的本土昆蟲。

學生特別喜歡聽他的演講，因為不僅有迷人的幻燈片和影片可以觀賞，李淳陽所講的內容，又是他一生親自觀察、實驗和記錄的經驗，既紮實又有趣。像他會討論「蟲會思考嗎？」這觀念，哪裡是在學校課堂上可以聽得到呢？在課本中，大都只是談昆蟲的形態、分類、生理……而他不但展現出昆蟲令人驚異叫絕的種種行為，並且把證據一條條陳列出來，難怪學生們會覺得特別新鮮有趣。

李淳陽總是以自己為例來鼓勵他們：「像我是在戰爭時期成長的人，哪有機會好好讀書？一切都是靠自己摸索，何況我自小又有身體上的毛病。所以，你們不要老是怪環境差，更不要輕易失望，只要認真做，仍然可以做出很多成果的！」

學生的反應也非常熱烈。有一次在東海大學，整個大禮堂大爆滿，走道上也全都坐滿了，四周的窗戶都擠得沒有空隙。李淳陽再抬頭看，連上面的氣窗都擠著一個個頭，歪斜著聽呢。

每次對學生演講時，看著台下那些年輕的眼睛，迸放出強烈的好奇、專注、熱情、驚喜……的神采，他總是很感動。

「李淳陽啊李淳陽，」他不禁默默的對自己這樣說：「如果你的人生還有什麼價值，就是能見到這些認真聽你演講的眼睛了！」

這樣也就夠了。過去歲月中所有的煎熬、痛苦，如果和這些相比起來，他覺得全都可以不在乎了。

學生寄給他的每一張邀請函和謝卡，他都細心的貼在一本筆記本裡，封面題上：「小小的回憶」。這是他永遠珍藏的紀念品。

放火燒掉算了！

李淳陽覺得既然在農試所裡已不再適合做研究，而他又需要充分的時間和心力，來好好來重編他的影片，於是就辦理提前退休，離開工作了四十年的地方。由於他多年來一直都只是「技正」的職位，而自從得罪過上層主管後，每年的考績也都很差，因此他領的退休金可說是公務員中最低的。

「老李啊，你還有退休金就該偷笑了，」老同事對他說：「我們還一直很擔心你會被開除哩！」

李淳陽的大兒子在美國，所以他就和太太辦移民。希望去美國後，一方面可以專心重編影片，並試試看能否推廣；一方面他也有幾篇昆蟲的文章想要完成，希望配上圖片後，投稿美國的科學雜誌，將來能結集成書出版。

一開始，他先寫成一篇「搖籃蟲」，寄給《史密森尼》雜誌，但是兩個月都沒有回音；所以再寄去《科學文摘》（Science Digest）雜誌試試，結果立刻被接受了。

「這下子在美國有事做了，我可以一面寫稿，一面好好重編我的影片。」李淳陽開心的這樣計畫著。

不料，《史密森尼》雜誌突然表示可以採用那篇「搖籃蟲」。李淳陽覺得很尷尬，不得不寫信去說明、婉辭。更沒想到的是：不久後，《科學文摘》卻突然宣告停刊！

經過這些波折，李淳陽把寫作的計畫暫時擱下，專心的去試著接洽影片的發行。

當年「英國廣播公司」為他做電視專輯時，雙方都有意願合作，也談過推廣的方法，一切都很順利。不過，對於將來影片在全世界發行的權益上，「英國廣播公司」要求「一次買斷」，而不是採用讓他「版稅抽成」的方式，他無法接受。最後，雙方沒有達成共識。

李淳陽到美國後，四處去接洽各家教學電影發行所。果然，每間公司的主管們看了，都是又驚訝又感動，連連追問：「你怎麼有辦法拍得到？又拍得這麼棒？」

但是同樣的，他們也都是對他搖頭嘆氣：「我們的教育影片，都是要配合教科書的進度來拍攝，課本教到哪裡，就放那部分的電影給學生看。像你這樣的電影，要用到何處呢？」

「可是，你們美國不是常宣揚有『活潑的教育方式』嗎？」李淳陽不解的問：「為什麼不讓孩子看到真正的自然世界呢？」

「你不明白，現代人已經變得不愛動腦筋，孩子們的程度也降低了，現在學校都只想講基本的知識就好。」他們苦笑著回答：「你這影片提到的新觀念，像『昆蟲會思考、會忘記、會做算術』……這根本是比我們超前二十年！這些在課本上都沒談，連大學課程裡也沒有，要怎麼教呢？」

他們建議李淳陽：最好把所有的影片都賣給他們，讓他們按照需要來摘取、重編，這樣才有可能發行。

可是，李淳陽不肯答應這樣做。他最重視的是：「自己拍攝這影片的構想和原則，會不會受到尊重？能不能保持完整的意念？」

因為這是他花了十年黃金歲月，才終於誕生的作品，等於是他的第五個孩子，他怎能不特別疼愛、呵護呢？

影片的發行試了又試，卻到處碰壁、挫折。李淳陽越想越不甘心，也不明白：

他一生的心血結晶，為什麼會落到這種淒慘的下場呢？

「如果這些影片真的沒有存在的價值，不如放火全燒掉算了！」他氣得對大兒子說。

「這只不過是你的氣話而已。」兒子冷冷的回他一句。他很清楚這個「頑固」的爸爸，對這些影片所花的心血恐怕都超過他自己的幾個孩子，哪裡會捨得毀掉呢？

使李淳陽真正苦惱的，還不僅僅是寫作和影片的發行不順而已。

當初《昆蟲世界奇觀》出版時，有位評論家林果寫了一篇書評〈昆蟲的啟示〉，慧眼獨具的指出：「本書作者與法布爾之間有許多相似之處。」例如兩人都有家人幫忙觀察、共享昆蟲行為的神奇；也都以狩獵蜂為對象，做各種實驗。同時，都對昆蟲行為的智慧加以探討。

「在讀完這本書後，我們也會有一種感覺，即是在本能與智慧之間，至少有某些東西存在，似乎已經呼之欲出……」書評這樣說。這段話，的確說中了李淳陽的心思。

過去他從長久的觀察、研究中，發現昆蟲有些行為，並非如法布爾和一般人認為的，只是「本能」的反應而已。他在深思之後，認為那些是跟人類一樣，都是經過「智能」去思考，才做得出來。

而他一直隱約有種感覺：在「本能」與「智能」之上（並不是「之間」），確實是有「什麼」存在著。但是，到底那是什麼呢？就像這篇書評說的：「似乎已經呼之欲出」，偏偏卻出不來。就是這一點，幾年來一直困擾著李淳陽。

到了美國後，他有更多、更充裕的時間思考，把這個纏繞多年的大問題想了又想，卻仍然找不到答案。他很焦躁不安。

「這個大問題，用影片無法解說清楚，我還是應該專心寫作才對。」他這麼提醒自己，繼續苦思下去。

移民美國兩年多，李淳陽時常會夢見台灣。一醒來，發現自己身處異國，不免就會覺得感傷，那種滋味真是難受。落葉歸根的念頭越來越強，就像遙遠的故鄉有人在不斷召喚他一樣。

有一次，他又夢見回到台灣。在夢中，李淳陽很開心的對自己說：「這次，一定是真的在台灣，不再是做夢了。」

可是一醒來，卻發現還是夢而已。這次，他下定決心一定要回台灣了。

第十五章 不變的李淳陽

從小到老，在「動手做」時，就是他自認為最幸福的時刻。別人對他這種習慣常不以為然，他卻樂此不疲，總是用一句台語自我解嘲：「我就是這種『猴性』嘛，沒辦法呀！……」

像熱戀一樣的研究狂

從美國搬回台灣後，李淳陽住在台北內湖的二兒子家。新家位於七層大廈的頂樓，在天台上另外增建一間小小的房間，做為他的工作室。

由於影片的推廣不順利，他就暫時放下，想要專心寫「昆蟲是否會思考？」的那本書，可是想法還不夠清楚，天天思索，卻遲遲無法下筆。

內湖近山，又有大湖泊，很合他的胃口。每天早上就到後面小山去走一趟，傍晚則到「碧湖公園」散步，拍攝夕陽美景。

在後山上，他會習慣性的時時停步，觀察昆蟲和其他動物的行為。這舉動，常使得其他遊客也跟著好奇的探看。夏天時，山上到處是蟬鳴。李淳陽想到幼稚園小朋友會問：「蟬是怎麼叫的？」他也想查個徹底，把相關的中、英、日文書籍翻查過，覺得都解說得不夠清楚。

「沒辦法，我自己不動手不行。」他這樣想。每次在後山散步時，一看到蟬就抓回家，仔細的解剖，橫切、直切……，並且一一拍照，想要用這樣的圖解配合說明，讓孩子們看得清楚而有趣。

的確，李淳陽無比好奇的研究精神，從來都沒有改變過。

像他年輕時喜歡打獵，當獵友正為著訓練獵犬而苦惱時，他就去找來一本英文版的《訓練你自己的獵犬》專書，整本翻譯出來，送給那位朋友作參考。

後來因為政府禁獵，獵槍都被強制收購，李淳陽只好改去釣魚。其實他並不只是為了「魚」才去「釣」，而是想要藉這機會能多多親近大自然，傾聽「大地之母」的交響曲：溪流潺潺、海潮澎湃、微風輕拂、松濤起伏……。

雖然如此，去釣魚時，他也還是不自覺的會把研究精神一以貫之——每次都會帶著溫度計和筆記本，隨時記下釣場的各種詳細資料：水溫、氣溫、水質和天氣狀況。還有，當時環境的各種變化：海草長出來了沒？青苔的長短如何？在地的職業釣手已經出動了嗎？……最後，才記下他釣到什麼魚、有幾尾、幾斤幾兩等等。「連釣魚都還這麼認真，真是標準的李淳陽！」釣友們看到他老是孜孜矻矻的記個不停，都不免搖頭嘆氣。

李淳陽樂在其中。一旦他開始對一件事產生興趣，就忍不住會像熱戀一般全神貫注，而且抱著高度的研究精神，全力以赴。

不但這樣，他還有「一定要自己動手做，而且非徹底完成不可」的習慣，同樣也是數十年如一日。

當年迷上打獵時，為了打得更順手，他忍不住要自己改裝獵槍扳機；為了要打得更過癮，甚至自己製造子彈。改去釣魚後，不只是動手削浮標、鑲金箔，每支釣竿也都經他加工過。他還特地去買來最好的日本生漆，親自動手漆釣竿，弄得全身紅腫發癢，嚴重到天天必須要去醫院打針治療。他早就預料到會有這種後果，卻在所不惜。

開始拍攝昆蟲電影時，他花一年時間設計、磨製、組裝成「接寫鏡頭」；而且，為了攝影機需要牢靠的腳架轉軸，他不顧身體的不適應，待在喧鬧震耳的鐵工廠中，親自開動車床來切割、打磨不鏽鋼，足足花了三星期才完成。

近年來，他恢復拍照的興趣，見到一種可拍寬幅角度的新相機Linhof，不由得非常心動。可是價錢實在太昂貴——沒關係，還是老辦法：自己動手解決！

李淳陽買來鏡頭和片盒，機身就靠自己做了：他先找到一個裝韓國人蔘的木盒來試做，自己畫設計圖、鋸木盒、組裝。完成後，試拍效果使他信心大增，繼續製作第二台！

這台「改良版」機身，他用的是台灣所產的「蘭心木」，材質特別硬實。這回，他足足花了一個月又鋸又磨，再找鐵工廠的朋友幫忙，製造不鏽鋼的大小零件，終於大功告成。組裝後，試拍出來的照片品質，他覺得並不輸德國名牌的相機。對這世上絕無僅有的「李淳陽牌」相機，他很滿意，戲稱它為Leehof。

不過，他在洗手時，卻發現指頭非常痛：原來在專注的磨製過程中，不知不覺的，竟然把指甲磨掉太多了。

從小到老，在「動手做」時，就是他自認為最幸福的時刻。別人對他這種習慣常不以為然，他卻樂此不疲，總是用一句台語自我解嘲：「我就是這種『猴性』嘛，沒辦法呀！」

不寫就是罪惡！

不論是去爬後山、在公園散步或是跟朋友去釣魚，其實李淳陽腦中，總是不停的思索著那本一直寫不出來的新書。

他相信昆蟲有智能，會思考，但是就算知道這一點，又如何呢？在「本能」和「智能」之上，到底有什麼呢？他反反覆覆的想了好幾年，還是寫不出來。

有一天，突然有位外國昆蟲學家來找他。這位加拿大籍的石達愷（Christopher K. Starr），正在台中科學博物館當客座研究員，無意中看到《昆蟲世界奇觀》那本書，非常驚奇，於是登門拜訪。

當他讀過李淳陽給的英文原稿之後，很感動的說：「自法布爾以來，沒有人再做過像這樣的研究，你的發現是非常有價值的，一定要出英文版！」

李淳陽聽了大吃一驚。他那本書出版後，雖然受到相當的矚目，但是他對於中譯稿的文字很不滿意，而書出版沒幾年後，原先的出版社就因經營不善而結束，市面上也就不容易再見到它的蹤影了。

石達愷既是現職的昆蟲學家，又熟悉昆蟲研究的文獻，他的評論應是可以信賴的。而且，他並不只是口頭稱讚而已，更是非常積極的，對先前那本書逐頁提出修改的建議，希望李淳陽能把重點放在自己所發現的部分，大加修改一番。經過這麼多年後，他應該可以想得更通徹、明白，能夠寫得比以前更清楚了。

還有一次，李淳陽初識一位日本化學工程師富樫直孝，談起這本新書的重點時，對方嚴肅的說：「如果你不把它完成來讓世人知道的話，將是罪惡！」

這句話又使李淳陽為之震驚。「罪惡」這兩字實在太嚴重了，使得他覺得再不認真寫是不行了。

他開始振作起來。有時在冬天清晨三、四點，靈感一來，他也照樣爬起來寫。那麼冷，太太擔心他年過七十的身體會受不了，阻止他起床；可是李淳陽狠勁一來，真是九條牛也拉不回。他不顧一切，立刻起來振筆直書，就怕等到天亮醒來，靈感就不見了。

在這種自我逼迫的情況下，長年的「怪病」更是變本加厲起來。由於過去那麼多年的痛苦經驗，使李淳陽發現：當他察覺快要發作之前，趕緊服下阿斯匹靈，就可以減輕痛苦，不過，藥服一段時日後就會失效。而這時，沒想到卻是更加嚴重了——他才看半頁書，立刻發作，頭痛、頭暈、嘔吐，只能倒下去哀號。年輕時大約一星期可以恢復，現在足足痛苦了四、五星期，完全不能張眼。

在這種情況下，他只好又使用以往的那塊「盲作家格板」：要寫稿時，就閉上眼，把筆尖放進空格內，用草書體英文來寫，筆尖可以不用提起、停頓。寫到空格尾端時會被格框擋住，就睜開眼很快瞄一下，再把筆移到下一橫格，又趕緊閉眼。就這樣，在長久的痛苦折磨中，他一遍遍的寫了又改，改了又寫。

「創作是什麼？就是想得連神經系統都崩潰了、死光了，在那裡再復活、萌發出來的新芽。這就是創作。」李淳陽在筆記本上這樣寫著。這是他在痛苦煎熬中最深刻的體認。

先驅的身影

李淳陽的新書遲遲還寫不出來，舊作則早已絕版，而他的影片從未在台灣的電視上完整播映過。自從他退休後，多年來也不再有媒體來採訪了。

曾經轟動一時的「李淳陽」三個字，逐漸的消失無蹤。連他當年拍影片時常去找蟲、抓蟲的「昆蟲寶庫」——新店小格頭，由於翡翠水庫的興建，也早已淹沒在水底了。而他曾和無數狩獵蜂共渡難忘時光的樂園——農試所位於台北市基隆路的宿舍區，由於都市發展、道路拓寬，也都已拆除殆盡。

同樣的，在這些年來，台灣的昆蟲研究也有了相當大的改變。

自民國七〇年代起，台灣逐漸重視生態環境的保育，開始設立各個國家公園、自然保護區。因此，對於昆蟲的研究經費遠較以往充裕；大學院校的昆蟲研究也獨立成系，並設有碩士班和博士班，培植越來越多的研究人才。研究的主題，也不再侷限於所謂的「應用昆蟲學」，越來越擴大和深入；甚至隨著世界生物科技發展的突飛猛進，對於昆蟲身體機能有更多的了解，引發了將昆蟲種種特殊功能運用於醫學、生命科學、商業……等等的想像與實驗。

跟本土昆蟲相關的出版品源源不斷的問世，昆蟲影片也如雨後春筍般出現，帶動民眾對於昆蟲的了解和喜愛。同時，由於新聞媒體的紛紛報導，進一步使人們更加重視昆蟲棲地被破壞、標本被過度採集等等環境保育問題。這些，和過去相較，可說是相當不同了。

然而，李淳陽呢？

民國八十六年八月，著名的《大地地理雜誌》刊出〈蟲心・我心——台灣生態影片先驅李淳陽〉，這篇長達二十頁的報導，立刻引起了各方的矚目。

「蟲有心思？蟲會思考嗎？幾十年來，李淳陽一直在探索這個問題，並投注了近十年光陰，自費拍攝一部生動的昆蟲影片。他是台灣昆蟲紀錄片的先驅，也是一位追求生命意義的生活哲學家……」

這樣簡潔有力的引言，揭開了李淳陽一生的思想、生活與夢想。

報導從李淳陽的小小工作室說起，提到他苦思不解的新書：「這個既是科學也是哲學的問題，跟著李淳陽數十寒暑。追根究柢思考問題已是他生活的重心，也是他面對人生的基本態度……」

文章接著談及當年「英國廣播公司」播映他的影片、國際影展的榮耀，以及當時他四處演講、放映影片的種種盛況。同時，一一詳述李淳陽與蟲結緣、進而拍攝影片的艱辛過程，配上他自小至大的生活與工作照片，以及搖籃蟲、狩獵蜂等等精采豐富的圖像。

這篇報導，可說是袖珍版的李淳陽傳記，不但是相隔多年後首次出現的深入報導，內容之豐富與完整也是未曾有過的。大跨頁的圖片極具震撼力，精練生動的文筆深刻動人，加上雜誌活潑的視覺編排效果，相當的引起重視。

文末，還預告將會陸續刊載李淳陽的一系列昆蟲行為百態大作：「希望有更多人從昆蟲的世界中，讀出他堅守數十年的良苦用心。」

而在這期，先刊出〈野地蠅求偶記〉。李淳陽以風趣而有深度的筆調，把這種「先贈禮餅後結婚」的過程描述得精采無比。

到了民國八十九年四月，電視上突然出現李淳陽和他的昆蟲們。跟電視螢幕睽違多年之後，將近八十歲的李淳陽，仍然精神奕奕的，寫作、拍照、釣魚、對著鏡頭訴說他的生平故事及生活感想。原來，這是由「廣電基金會」監製，視群傳播公司所完成的「甲子記事'99——李淳陽記事」影片。

「視群」製作過很多生態影片，像「台灣生態顯影」系列就是頗受好評的作品。當他們開始想拍攝昆蟲影片時，有朋友便極力推薦老前輩李淳陽。當時，製作人許鴻龍根本沒聽過這名字，更別說是看過他的影片或著作了。他感到很好奇，便在民國八十三年登門拜訪。

李淳陽對於來訪的晚輩很熱心，先遞給他《昆蟲世界奇觀》這本書。許鴻龍翻開一看，嚇了一大跳：沒想到十多年前出版的這本書，圖片竟然會這麼精采！

等到李淳陽把影片搬出來，他越看越是震驚。他在這一行已經很多年，也拍過不少影片，可是從沒見過這麼棒的本土昆蟲影片，心中不由得大加讚歎。

這一天，許鴻龍和同伴，沉迷在這堆多年前的舊膠捲中，一捲又一捲看下去，從早上一直看到夜晚，捨不得離開。

這次強大的「震撼教育」，加上之後長期向李淳陽請益的過程中，他們發現當年拍攝昆蟲影片過程的那股堅韌、耐勞、求真、求實的研究精神，如今在晚年的李淳陽身上依然保存著，令他們非常敬佩。於是決心要為這位前輩拍攝一部紀錄片，希望這種可貴的精神可以經由影像繼續傳承下去。結果，他們總共花了大約四年，終於完成了。

影片一開始，正是著名的「野地蠅結婚進行曲」：雄蠅正忙碌的做著「喜餅」，雌蠅也在「梳頭梳腳」，展開生命中極其重要的一刻。三十年前的作品，穿越漫漫時光，把這興奮、奇妙的一刻，無比生動的展現出來。

就是運用影片這種可以「凍結時空」的魔力，加上靈活變化的剪接手法，不斷出現今昔交錯、對照的情景——不但讓觀眾見到三十多年前李淳陽所拍下的各種昆蟲行為，也目睹二十多年前「英國廣播公司」四人小組來台拍攝的情景，以及現今李淳陽的生活與思想。

「李淳陽的作品在三十年後的今天來檢驗，仍是頂尖的生態紀錄影片。」旁白這樣說。

在今天的影片中，李淳陽仍像當年的「放映電影的苦行僧」一樣，提著沉重的放映機，到民間社團去放映他的影片，熱情的解說著：「蟲會做這種事，就代表牠會動腦筋思考……」

觀眾在他的解說中，也不由得對於影片中的狩獵蜂另眼相看。

從這部影片，觀眾見到李淳陽重回童年的老家、田園、學校，也跟年邁的兄姊會晤。流動的畫面，一一回溯他生命中的幾個重要轉捩點：與相機結緣、赴日求學、海上沉船、開始研究害蟲、與國科會的「切斷」……以及，拍攝昆蟲影片的種種艱辛歷程。

「那時候我要幫忙撐傘，替他和蟲遮住陽光，等到要按快門時才移開。如果蟲飛走了，我就要趕快去抓回來。」李太太在影片中回憶：「拍這種影片啊，實在是真艱苦……」

說到這裡，她在鏡頭前把臉側過去，不讓淚水流下來：「現在有時會想，啊，不要去回憶罷……」

李淳陽當年的研究助理洪文堯也談起：「他是一個科學工作者，也是藝術工作者，所以就會是如此執著堅持，而且神經都會繃得很緊，注意力一直很專注……」

影片中，也出現李淳陽動手製作相機機身的畫面，那種狠勁，跟當年自己設計、裝配「接寫鏡頭」絲毫未減。

冬日清晨，攝影機拍攝李淳陽和釣友到北部海濱去釣魚，他說：「你看那浮標在水面上浮浮沉沉，就代表有一個希望；如果人生沒有希望，誰還能活得下去呢？再慘的生活，只要有一絲希望，就可以撐得過去。」

他也談到最敬佩的人是史懷哲醫師和德蕾莎修女：「如果真的有神，那麼，可以在德蕾莎的眼中看得到。她在醫院照顧垂危的病人，悲憫的一匙一匙餵著藥……」他們都是李淳陽心目中，「無條件奉獻」的典範。

影片最後，以這段話來作為結語：「在台灣，從事博物學研究而且拍成影片的，到目前仍只有李淳陽一人。對國內的學術界而言，他是一位將科學藝術化的實踐家；對生態界來說，他為自然打開一扇窗，開啟昆蟲世界新視野；在傳播界，他則是不折不扣的昆蟲生態影片的前輩。」

影片中，絢爛美麗的夕陽已經西下，李淳陽和他的相機仍在湖畔逗留著，靜靜守候那最懾人的瞬間出現天邊。

第十六章

蟲心・我心

「名聲，是幻象；榮耀，會成為泡影；而財富呢，也只不過是剎那的美夢罷了。但是，我完成了我的作品，這是為了證明——我已認真活過了」……

昆蟲也有心

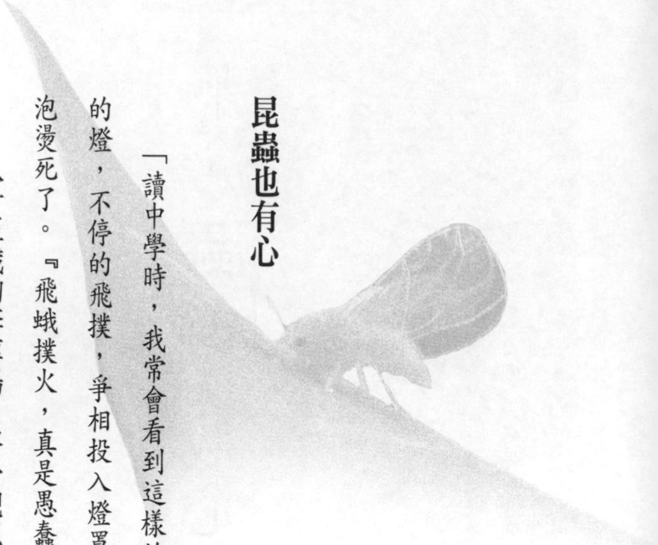

「讀中學時，我常會看到這樣的景象：各種不同的昆蟲，圍繞著我家二樓陽台外的燈，不停的飛撲，爭相投入燈罩中。一旦飛進去後，唯一的結果就是被高熱的燈泡燙死了。『飛蛾撲火，真是愚蠢的本能行為啊！』我不免會這樣想……」

八十三歲的李淳陽，終於把思考多年的新書寫出來了。

他以當年的《昆蟲世界奇觀》為本，省略一般通論，也簡化以往較為蕪雜冗長的敘述，將自己的研究和思索心得重新加以精煉、改寫，並且把他認為最重要的關鍵處深入探討，更徹底而完整的解說清楚。

在這本新書一開頭，他從十多歲的青少年時期開始回憶：由於博物老師的極力推薦，法布爾《昆蟲記》的奇妙世界向他開啟了；但是同時，書中的「昆蟲只是靠著『本能』行動」之說法，則讓當時的他失望和迷惑不解。

李淳陽以搖籃蟲、野地蠅和狩獵蜂為新書的主角，加上其他昆蟲，詳述數十年來，他在觀察和實驗中的種種發現，並且列出一則則例證，來說明為何他堅信：在昆蟲小小的心靈中，的確是有著思考能力——

「昆蟲也有『心』，」他這麼寫著：「在很多方面，牠們跟人類一樣，也會過著『精神生活』。如果能夠了解這些事實，相信我們也就可以更加了解『人類』到底是什麼樣的生物。」

這就是李淳陽寫這本書的目的，也是他一生思考的精華。

「人們都會害怕蟲，你為什麼偏偏還要寫蟲的書呢？」有些朋友這樣問他。

「就是因為大家都怕蟲，才更需要了解牠們的世界。」李淳陽回答：「我想要透過昆蟲的行為，讓大家知道其實昆蟲也會思考，就跟我們人類一樣。」

「好罷，就算蟲會思考，那也只不過是一點點的能力而已，跟人類比起來，會有什麼價值呢？」有人這麼質問他：「何況，『會不會思考』，那也只是蟲自己的事情罷了，跟人類有什麼關係呢？」

「關係可大著哩！」李淳陽說：「很多人一看到蟲，會立刻就踩死牠；可是，應該要這樣想──如果蟲也會思考、也有心靈的話，牠這時可能正要趕回家看牠的寶貝孩子，那你怎麼還會忍心傷害牠呢？」

李淳陽永遠記得當年的那隻蜂──當他把竹管中的卵取走後，蜂媽媽焦急慌亂的動作，就跟一個突然發覺孩子走失的人類媽媽反應一模一樣！

「也不過是不見了一個小小的蟲卵罷了，有什麼了不起呢？何必看得這麼嚴重？」很多人大概會這麼納悶著。

可是，這隻蜂媽媽卻忙來忙去，緊張得不得了。當李淳陽把卵還回去後，牠發現了，雖然還是會爬上爬下，但這時牠的動作已經變得比較緩慢，顯得比較不緊張了。

任何人如果也在現場的話，想來也會跟李淳陽同樣的感動罷。

蜂媽媽為了那個卵，在牠「小小的心靈」中，不是也正和人類一樣的反應嗎？

所以他認為：所有動物基本上都是差不多的，只不過彼此的生活方式不同罷了。如果基本是相同的，那麼，當我們看到任何昆蟲時，不也應該把牠當成是「同胞」、「親戚」一樣來對待嗎？如果真的能有這樣的「心」，就會對天下萬物都滋生出愛來了。

李淳陽的結論就是：要用「愛」的力量，來做為思考的動力，那麼，一切的對立、混亂、糾紛、不平等……就會有解決的可能。

過去一直纏繞在他心頭上的困惑：「在『本能』和『智能』之上，到底是什麼呢？」在寫這本書的同時，也終於豁然解開來了！

他解釋：人類總是習慣用「對比」，來做為思考事情的立足點，像是大小、遠近、輕重、好壞……等等。如果沒有「對比」做依據，就無法做判斷。像「本能」和「智能」也是一樣。其實兩者並不應該像是油和水互不相融的關係，而是在本能之中，也有著智能的成分，反之亦然。

所以，不要再用「對比」做為思考的立足點，要改用「愛」來思考才對。

但是，「愛」要從何處滋生出來呢？

「當我們開啟心靈之窗，與大自然密切交談，去擁抱周遭的一切，與自己融合為一，這時，我們就會發現由這『合一』所自發而生出來的情感，既純潔又強大，而且無比的平靜。這就是真正的大愛——也就是一切愛的根源。」李淳陽做了這樣的結論：「唯有愛，才能使我們思考正確，認識真理。唯有愛，才能引導萬物之靈的人類離開自我毀滅之途。我是這樣堅信的。」

向法布爾致敬

至於他花了十年黃金歲月拍出來的昆蟲影片呢？

李淳陽經過多年思索後，終於將影片重新編排、剪輯、配音完成，總長為六十分鐘，共分為三個單元呈現。

第一單元是「生與愛」：在弱肉強食的世界，昆蟲為了生存和繁衍後代，表現出來各式各樣的絕招。牠們不但有奇特的吃食與捕獵的方式，也必須具備「防止被吃」的能耐。不僅如此，在牠短暫的生命中，其實也有著愉快的時光，例如交配。影片中呈現各種昆蟲施展誘人的招式來吸引異性，而野地蠅「做禮餅求婚」的過程，便是這單元的壓軸好戲。

第二單元是「不可思議的生存術」：在地球上，昆蟲雖然看來微小而脆弱，但卻是種類最多的生物，這正凸顯出牠們具備不可忽視的生存能力。搖籃蟲是這單元最重要的主角，在影片中可見到牠們折捲葉苞的完整過程，令人驚歎叫絕。

第三單元則是「蟲之心」：以狩獵蜂為主，從牠們面對種種突發狀況時的反應，來探討「昆蟲是否真的只會依靠『本能』來行動？牠們本身會不會思考以應變？牠們有沒有感情？」這樣的大問題。

在影片中，不但可見到蜂捕獵、築巢、育嬰的過程，更重要的，是記錄了牠們種種細微的反應與行為——如果獵物太大，蜂知道無法攜帶著飛行，便會轉而經由陸路回家。當外敵侵入巢中偷走蜂的卵時，牠的反應到底是憤怒還是悲傷呢？當牠決定要將巢中貯存的獵物捨棄時，不料卻發生意外，這時蜂會如何處置呢？而在蜂卵失而復得後，牠又會怎麼辦？……

這些極其難得的影像，正是李淳陽多年心血的結晶，也是他自認在科學研究上最有價值的紀錄。

對於有人稱呼他為「法布爾第二」或是第一位「台灣法布爾」，李淳陽謙稱：「我只是『法布爾的徒孫』罷了，跟他的成就相比是天差地遠。但是，如果不是受到法布爾的啟發，就不會有今天的我。」

他很樂意把這一生思考結晶，呈獻給這位最早啟蒙他、也是影響至深的前輩昆蟲學家。因此，李淳陽把思考數十年的新書和影片，特別定名為：《李淳陽昆蟲記》——正是以仿效法布爾大作之名，來表達他對法布爾的尊崇與謝意。

經過這麼多年後，他終於把一生觀察、實驗和思索的心得，詳細而完整的陳述清楚了。他很希望昆蟲學界能夠對於他的發現和論點，多加批評、質疑，也期待能有研究者繼續對狩獵蜂做各種實驗，大家共同來探討這些有意義和有趣的問題。

不可預測的際遇

在寫書和整理影片過程，李淳陽回想自己這一再隨著命運的大風而吹動的一生，不由得感觸良多——

如果不是因為中學時期身體上出現「怪病」，他會選擇去讀工科，就不會走上農業研究之路，更不會進入昆蟲研究領域。

如果他不是被迫中斷國科會的補助和農復會的研究計畫，就不會拍起昆蟲影片來，那麼，之後也就不會留下這些影片，更不會出書。

如果當時沒有用影片來記錄的話，現在也沒有這些珍貴無比的資料。而且，拍下影片後，可以反覆觀看；起先看一兩次沒留意到的地方，在看過無數次後就會更清楚，也可以想得更透徹。這是法布爾那個時代所沒有的條件。

在拍攝影片過程中，由於遭遇種種困難，常會拍攝失敗，同樣的鏡頭必須一拍再拍，雖然很痛苦，但幸好就因為這樣，才能發現原來昆蟲對同樣的刺激會有不同的反應，也使他更進一步深思其中涵意。

「如果那時和外國影片公司談判版權順利，把所有影片都賣掉了，我就無法像這樣一再反覆觀看，也就不會有許多新發現和心得了。或是英文版出書很順利、暢銷，全家都可以舒服的過日子；那麼，我很可能就不會再繼續思考『最重要的問題』，也不會再繼續想要寫出這本新書了。」李淳陽這樣回想著。

他覺得過去這些年來，遭遇到的種種挫折、困境，好像在冥冥之中，「神」是要為他指示出來：「你應該走的路，就是這一條。」所以，其他的路都是走到一半就窒礙不通，不讓他過去，要他趕快再回到「正途」來。

對於命運一連串的怪異安排，他當時雖然都只能無奈的接受，但也還是都全力以赴的去做。如今，他卻能夠體會出來：生命中這些不可預測的際遇，其實又是多麼的富含深意呵——

於是，他在紙條上寫著：「感恩・惜福・體諒・包容」，貼在書桌前。

我認真活過了！

在住家頂樓天台上的工作室裡，李淳陽坐在書桌前，一字一句修改著文稿，檢視過去所拍的昆蟲幻燈片和影片。

這小小的房間，擠著躺椅、書櫃、音響、釣竿、攝影器材和影片匣……，四周架上，則是他所拍的風景照片，一張張放大裱好。這是他自由自在創作的天地，每天獨自在此沈思、寫作、閱讀。

外面露台上，他種了許多盆植物，像個綠意盎然的庭院。不時會有綠繡眼、白頭翁飛來棲息，或是吃他特意放置的水果，嘰嘰喳喳的好不熱鬧。他還特別豎立一些竹管，讓狩獵蜂來築巢，也跟他作伴。

李淳陽回想起六十年前的海難那夜——當他在大海中漂浮著，面對死神的魔掌猛然撲來的剎那，年輕的他忽然驚覺無比的孤獨、寂寞：「如果就這樣死了，我這一生到底做了什麼呢？」……

李淳陽這輩子，從未忘記當他僥倖死裡逃生後，抬頭望著天上熠熠繁星時的深刻覺悟。

而這時，李淳陽在工作室中，一邊聽著窗外的啾啾鳥鳴，一邊懷想這波折不斷的一生。他從一本日文書中讀到一段話，正道出了他的衷心感懷，於是他一字字記下來——

「名聲，是幻象；榮耀，會成為泡影；而財富呢，也只不過是剎那的美夢罷了。但是，我完成了我的作品，這是為了證明——我已經認真活過了。」

這就是李淳陽的故事——一個徹底、認真活過來的人，以及無數精采的昆蟲伙伴，共同譜寫而成的生命傳奇。

〈後記〉昆蟲世界啟迪之旅

莊展鵬

想寫這本傳記，已是二十多年前的心願了。

當時我正就讀大學，因緣際會，開始為雜誌撰寫採訪報導。本來一直活在自我天地中的「文藝青年」，藉此難得的機會跨出去，四處採訪，體驗各處民情風俗，以及結識各方人士。

也因此，在年輕的心靈中，不知不覺的，逐漸清晰浮現一些巨大崇高的身影：地質學的林朝棨、地理學的陳正祥、登山界的林文安與邢天正、古蹟勘查的林衡道……等等。由於時常閱讀這些前輩的精采著作，或聽聞他們種種傳奇事蹟，正當青春而充滿熱情的我，不免時時會生出豪情大夢：「如果有一天，能夠採訪這些敬仰的前輩，為他們撰寫生命故事，該是多有意思的事啊。」

就在這個時期，無意中翻閱《昆蟲世界奇觀》，不由得大吃一驚——書中不但有豐富絕妙的本土昆蟲圖像與知識，更吸引我的是，作者李淳陽簡直就像個老頑童一般，對狩獵蜂做各種奇特的實驗：把牠們築巢的竹管移動位置，或是換成其他竹管；將牠們抓起，帶到遠處放飛；剖開竹管，計算「育嬰室」中貯存的獵物數目，並且一一秤重；甚至還把巢中的蜂卵偷走，然後又悄悄歸還。……

我的快樂童年是在鄉野中渡過的，像這些對於小動物所做的調皮搗蛋行徑，一點也不陌生。然而最使我感到強烈好奇的，作者這些行為並非胡搞瞎鬧，而是認真嚴肅的科學研究。

當我再細讀書中的敘述，逐漸能體會作者確實是將昆蟲當成人類一樣，甚至有如結交好友一般，並非純然只是視為研究對象而已。在書中字裡行間，處處流露「民胞物與」的情懷，是懷著一種極其特別的「愛」，看待昆蟲的一切。這使我震撼和感動，更加渴望有一天能夠認識這位奇人，追索他不可思議的生命歷程。

可惜，由於工作的繁忙、人事的變遷，不知不覺的，這個心願逐漸沉埋心底，跟生命中眾多夢想一樣，越來越沒有實現的可能。

一九九九年夏日，我完成「遠哲科學教育基金會」委託的《肝炎鬥士陳定信》一書，決定再接再厲，開始進行這個多年前的夢想之旅。這時，距離初識《昆蟲世界奇觀》已是將近二十年過去了。輾轉從李先生舊時任職的農試所老同事得知：他在多年前已移民美國，自此音訊難尋。我並不死心，繼續追查，並抱著遠赴美國探訪的打算。

最後，終於查出李先生的下落——原來就在離我住處不到半小時車程的內湖！當我首次登門拜望，在他頂樓天台上的小小工作室中晤談時，不免又是大為驚訝——以往經由書中敘述所想像、型塑的李先生形象：那種對於真理與知識追求的狂熱與執著；那種不墨守成規、不受束縛的自由意志；那種不隨流俗、特立獨行的勤思敏行；還有，老頑童般的奇想、逗趣、爽快……如今不但絲毫未減，甚至還「變本加厲」！

因此，我當場大膽的提出撰寫這本傳記的請求。承蒙李先生慨然應允，於是開始我們長期而持續的訪談工作。

人世間的因緣際遇果真是奇妙難料。照預定計劃，這本傳記的初稿雖然順利寫成，可是我還是毅然決定暫停後續的出版步驟——因為就在我們這樣定期、密集、深入的對談之中，開啟李先生的回憶之門，無意間竟然重新激發了他洶湧澎湃的寫作興致，奮力將擱置多年的《蟲心．我心》撰寫計畫再度發動。我仗著晚輩的斗膽，不時乘勢施加「善意的壓力」，促使他一鼓作氣的往前衝。最後，終於大功告成，亦即是《李淳陽昆蟲記》一書。不但如此，他那部同樣停擺多年的昆蟲影片，也在這股意志與拼勁之下，總算重新剪輯、配音完成，也即是與新書同名的影片。

我幸運的能夠躬逢其盛，其實只也不過出了微小的一點「催生與助產」之力，沒想到竟然能夠藉此一了李先生這輩子最重要的兩大心願，真可說是撰寫這本傳記的意外大收穫了。既已協助他完成了新作，我終於可以放心的重拾擱置多時的這本傳記初稿，參照他的新作之各個重點，重新加以添補、修改、定稿，總算也為我自己的青春大夢有了一點交代。

本書得以完成，當然全要歸功於李先生，他不但不厭其煩的接受我長期的轟炸、逼問，也同意我引用與改寫他多篇未曾發表的原稿，並且在身體病痛的困擾中，仍然勉力一字一句的審閱這本書。他的嚴謹、認真、諄諄教誨與無盡的包容，我都敬謹受教，牢記在心。

我也要感謝「遠哲科學教育基金會」贊助採訪費用，以及張凰蕙的奔波協助。同時，非常感謝趙榮台、徐仁修、張永仁、許鴻龍、洪文堯諸位先生接受採訪，提供珍貴的資料。還有，小野先生與洪蘭教授的推薦、厲智耐心的協助整理錄音稿，以及遠流出版公司台灣館合作多年的夥伴們之精心編輯與絕佳創意，使得此書遠超出預期效果，感謝之至。

最後，請容我在此，特別向陪伴李先生渡過長久觀察、研究歲月的所有昆蟲們，表達由衷的感謝之意：「我雖無緣與你們相遇相識，然而多年來，透過李先生的著作、幻燈片、影片以及口頭描述，你們早已穿越漫漫時空，進入我的生命之中，並且以一種極其難以言說的神奇方式，無比深刻的，啟悟了我。」

李淳陽影像紀事

一個人的執著，
揭露了隱密世界中的豐饒……

1 無憂童年

① 五歲的李淳陽（左），和哥哥在家門口。
② 由八掌溪上遠眺南靖，有煙囪處是糖廠，李家田地在右方。（李淳陽攝）
③ 新家落成，演戲慶祝的盛況。
④ 六年級時的全家合照（除大姐之外）。前排右起為哥哥、爸爸，大姐女兒、媽媽、妹妹，後排是李淳陽和二姐。

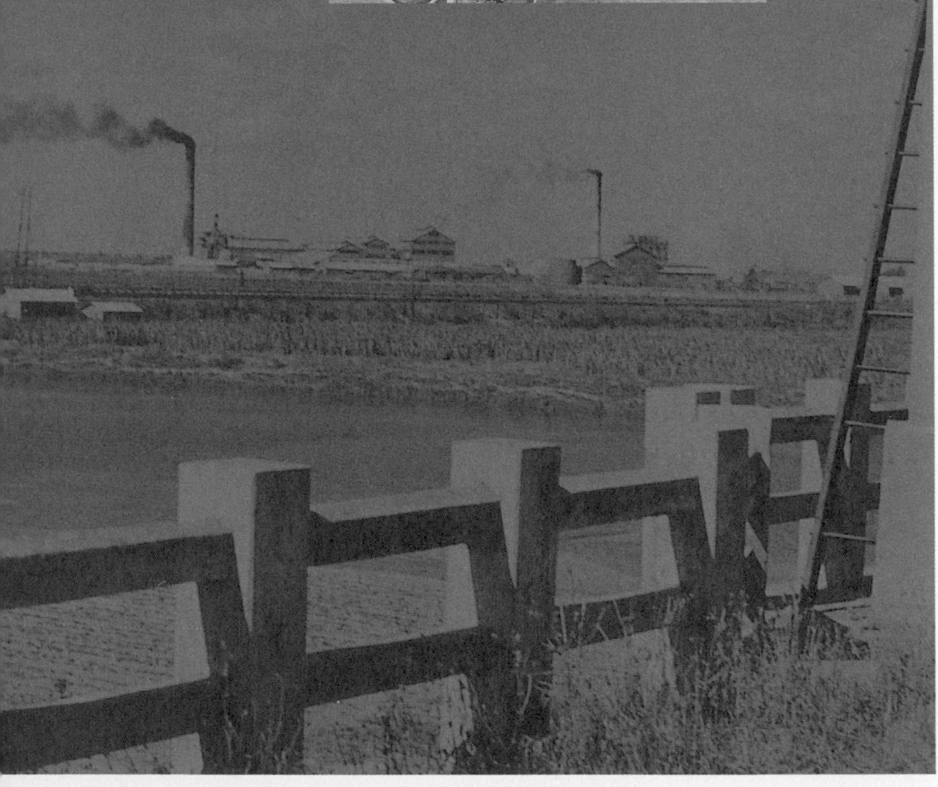

1922　5月29日生於嘉義南靖。父親李己，母親謝纏。有兩位姐姐和一兄一妹。
1928　4月，寄讀「水上公學校」（今水上國小）。
1929　4月，正式就讀一年級。
1930　4月，轉讀「南靖尋常高等小學校」（今南靖國小）一年級。

2 博物新世界

① 少年李淳陽珍藏的《昆蟲記》。
② 「博物同好會」在野外採集，最左是松本老師。（李淳陽攝）
③ 「模特兒攝影大會」，右二是李淳陽，最左是妹妹。（李淳陽攝）
④ 對鏡自拍的李淳陽。
⑤ 李淳陽、妹妹和Minolta相機合影。

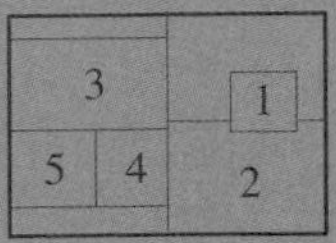

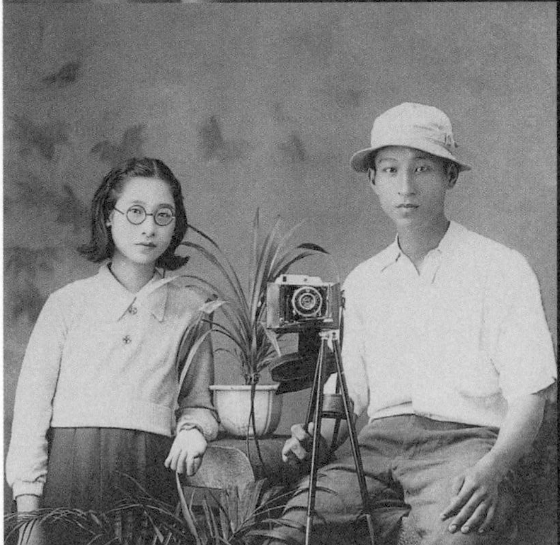

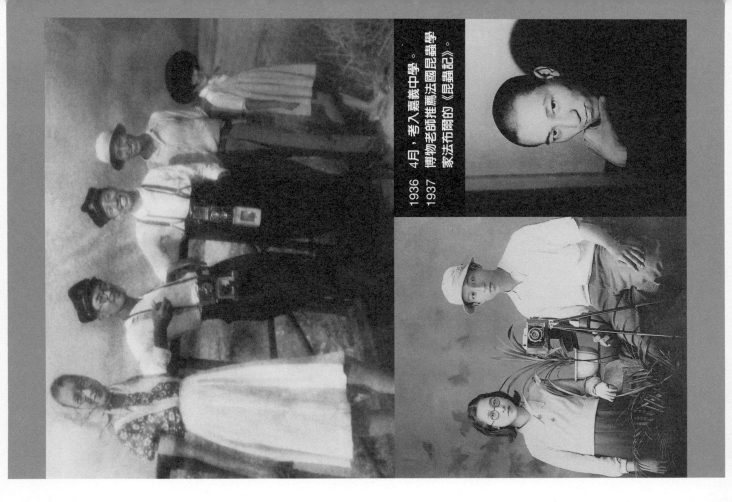

1936　4月，考入嘉義中學。
1937　博物老師推薦法國昆蟲學家法布爾的《昆蟲記》。

3 戰爭下的青春之歌

①學小提琴時期的李淳陽。

②李淳陽爬積雪的「白馬岳」大雪溪。

③李淳陽在「山中湖」滑冰，後面是富士山。

④李媽媽趕到東京照料兩兄弟，右為李淳陽。

⑤和同學在東京農業大學門口，最右為李淳陽。

1941　4月，考「台北帝國大學農林專門部」（今中興大學），落榜。赴日本，考入「東京農業大學」農學科。

⑥和農試所的同事們去新店野外採集昆蟲。右四為李淳陽。
⑦李淳陽在應用動物系圖書館查資料。
⑧李淳陽正在研究青椿象。
⑨空襲威脅下的青春之歌。左邊拉小提琴者為李淳陽。
⑩台灣總督府農業試驗所。

1943 因戰爭而提前畢業。11月，回台途中，客輪被美軍潛艇擊中沉沒，幸好獲救。12月，進入「台灣總督府農業試驗所」應用動物系。

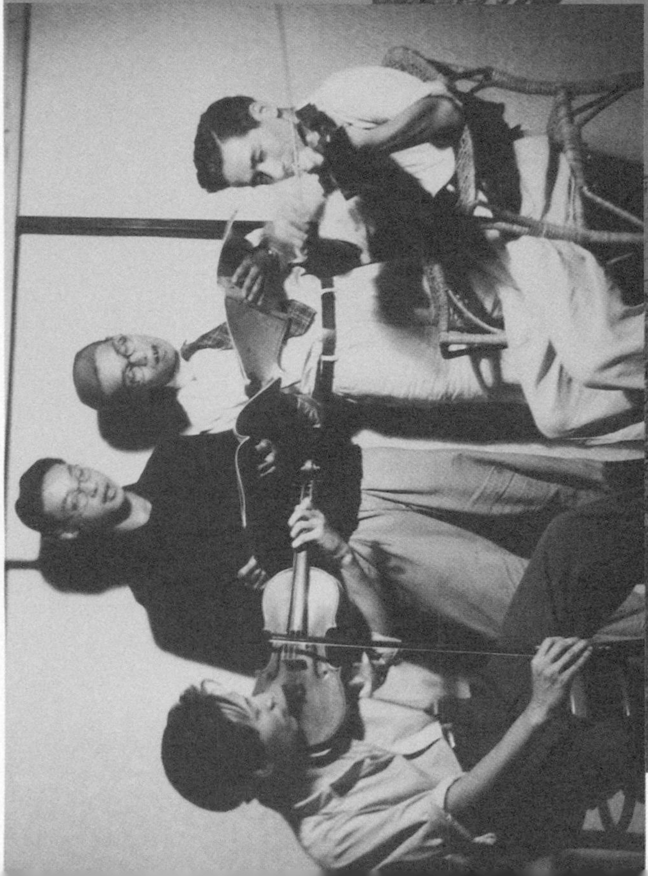

4 艱困年代的精神支柱

①宿舍太狹小，李淳陽自己動手增建。
②李淳陽陪大兒子（左）嬉戲，中為哥哥的孩子。
③全家去碧潭遊玩。
④在鐵工廠中動手磨製器具的李淳陽。
⑤辭職回家經營農場的李淳陽（中），正在種植果樹。
⑥李淳陽帶獵狗在嘉義糖廠蔗園中打獵，手中是雉雞。

1945　調農試所嘉義分所。11月30日和廖滿玲結婚。
1947　1月，長子哲秋出生。2月，離開農試所，回家經營農場。
1948　4月，次子哲茂出生。
1950　3月，回農試所任職，舉家遷到台北。
1951　10月，女兒佳英出生。
1953　9月，末子哲夫出生。

5 研究的黃金歲月

①李淳陽在實驗室中研究「安特靈」農藥的效用。
②美國《經濟昆蟲學期刊》，此二期有李淳陽論文。
③同事們慶賀李淳陽（前排右一）獲得博士學位。
④各地農會人員傾聽李淳陽（前排右二）講解水稻螟蟲防治方法。
⑤李淳陽（中）在美國考察水稻害蟲防治。
⑥李淳陽（左）與美國專家正剝開稻莖，檢查螟蟲危害情形。

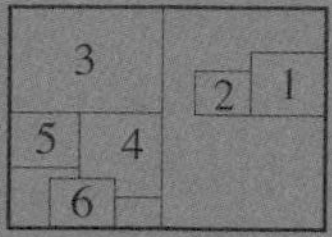

1950 3月，回農試所任職，研究防治水稻害蟲「三化螟蟲」。
1953 3月至10月赴美考察進修。
1954 2月，「三化螟蟲」研究論文發表於美國《經濟昆蟲學期刊》（Journal of Economic Entomology）。
1955 研究大豆蟲害防治，至全省各地辦講習會。
1959 研究柑橘果蠅防治。
1960 研究農藥「安特靈」對大豆潛蠅的作用，發現有「滲透移行」性。
1961 8月，獲「東京農業大學」農學博士學位。
1962 12月，「安特靈之滲透性及對大豆潛莖蠅之作用機序」論文發表於美國《經濟昆蟲學期刊》。
1964 研究農藥BHC對水稻螟蟲之作用機序，發現是經由水稻浸水部位之莖部直接滲透而移行，發揮殺蟲之作用。
1965 4月，農藥BHC研究論文發表於美國《經濟昆蟲學期刊》。
1966 10月，對BHC後續研究發表於美國《經濟昆蟲學期刊》。

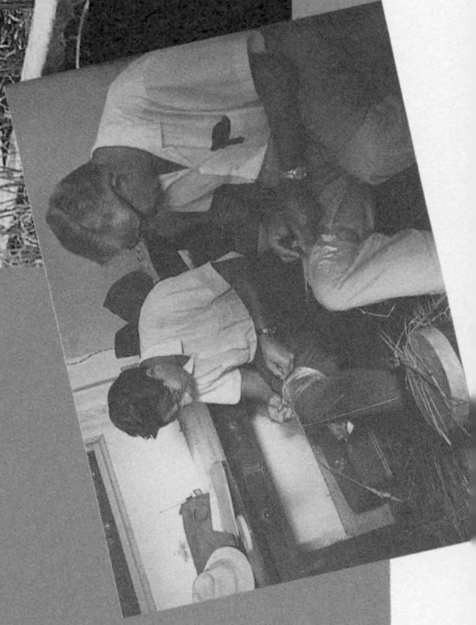

6 昆蟲電影大夢

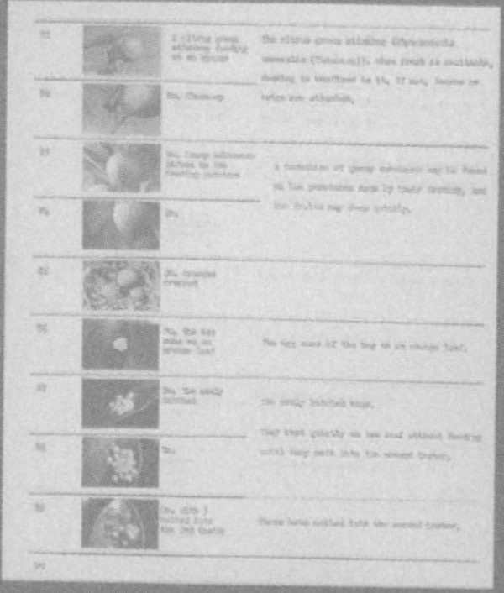

①李淳陽早年拍攝柑橘果蠅影片時的分鏡腳本
②李淳陽和他的「攝影最佳伙伴」：Arriflex攝影機與前端的「接寫鏡頭」。
③李淳陽自己設計、組裝而成的「接寫鏡頭」。
④李淳陽（中）和洪文堯（左）在戶外拍攝螳螂交配的鏡頭。
⑤「接寫鏡頭」剛組好時，李淳陽仔細測試距離、計算比例。
⑥趴在山溝邊的李淳陽，正在拍攝石壁上小瀑布中的昆蟲。

1966 年底，購置16釐米攝影機。

1967 開始為外國化學製藥公司拍攝害蟲防治宣傳影片。

1968 開始拍攝昆蟲生態影片，總共花了八年才完成。

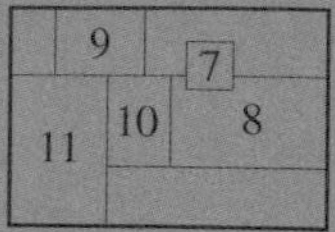

⑦李淳陽正在檢視剛抓到的昆蟲。
⑧二兒子哲茂（右）和李淳陽在菜園拍攝長腳蜂抓蟲的鏡頭。
⑨在「鳥仔間」外，李淳陽正在拍攝長腳蜂築巢。
⑩攝影記事本內頁表格，詳記每捲影片的拍攝資料。
⑪李太太陪伴李淳陽去台北近郊的石碇抓蟲，兩人在樹林間歇息。

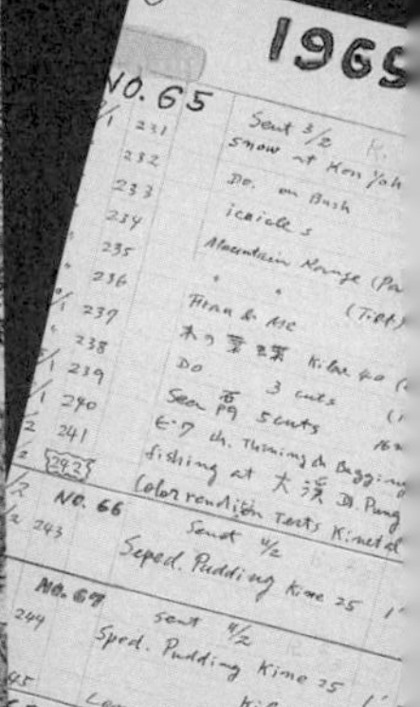
1969
NO. 65
NO. 66
Seped. Pudding Kime 25
NO. 67
Lens Test

7 揚名國際的里程碑

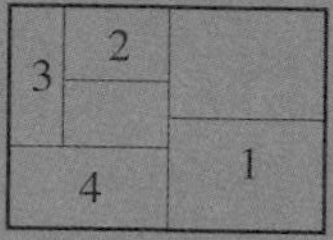

①「英國廣播公司」採訪小組在李家庭院，記錄李淳陽（右三）拍攝昆蟲的情景。

②在阿里山，採訪小組記錄李淳陽拍攝虎甲蟲的情形。右為李太太。

③「李博士的昆蟲世界」專輯在英國播映時的預告剪報。

④在「鳥仔間」內，英國攝影師正拍攝「李淳陽拍攝昆蟲」的鏡頭。

11 JANUARY 1976

SUNDAY tv

BBC2

Is that sting in the tail real – or is it an imitation? Caterpillars that mimic each other are part of The Insect World of Dr Lee: 7.25 pm

7.25 pm
The World About Us
The Insect World of Dr Lee
Written and narrated by
Anthony Smith
Taiwan is 100 miles off the mainland of China and has a hot moist climate suitable for an amazing variety of insects; there is even a thriving industry that markets butterfly wings by the millions.
Dr Sung-Yang Lee is an entomologist and amateur film maker much more concerned with the beauty of live insects. For eight years he has been filming the insects of Taiwan and grappling with problems like photographing the tiny natural light produced by a firefly. For Dr Lee all this was a labour of love which took his life savings, all his spare time and endless patience.
Presented by NED KELLY
Series editors ANTHONY ISAACS and CHRISTOPHER PARSONS. BBC Bristol

8.15 M*A*S*H
starring Alan Alda as Hawkeye
Wayne Rogers as Trapper John
Colonel Blake...MCLEAN STEVENSON
Radar...GARY BURGHOFF
Major Frank Burns...LARRY LINVILLE
Hotlips...LORETTA SWIT
Bulletin Board: a constant source of information about the recreational delights in store for all personnel...

8.40 News on 2
Weather

8.45
Eurovision Concert from Amsterdam
The Concertgebouw Orchestra
conducted by Bernard Haitink
play
Mozart's Violin concerto No 5, in A (K219)
Soloist Boris Belkin, the brilliant young Russian violinist, who recently settled in Israel, making his

(The Lower Depths)
starring Louis Jouvet
Jean Gabin, Suzy Prim
The Baron, ruined
and women, returns
evening to discover
guest – Pepel, a burgl
ing his penniless co
Baron insists on ente
intruder. He learns of
in a sordid disreput
house – 'the lower d
he, too, is destined to
The Baron...
Pepel...
Vasilissa...
Kostileff...VLADIM
Natacha...
The actor...
The Count...
Felix, the Baron's serv
Films: page 10

12.5 – 12.10 am Closed
Leslie Sands reads
Grace by the Sea
by CHARLES CAUSLEY

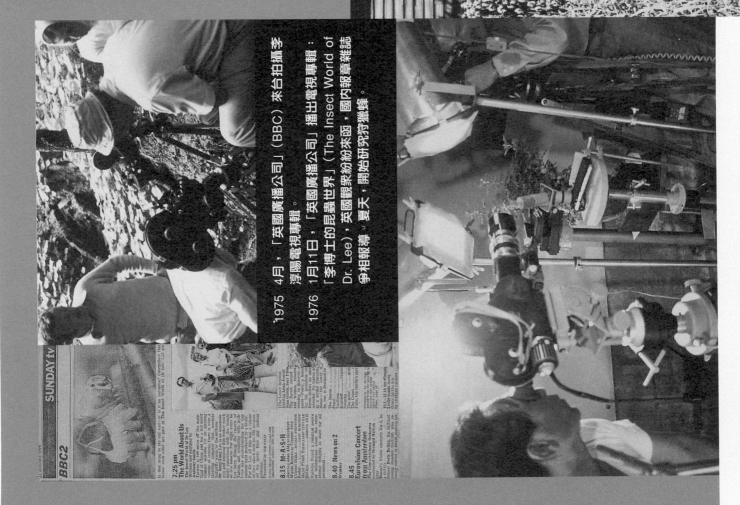

1975　4月，「英國廣播公司」（BBC）來台拍攝李淳陽電視專輯。

1976　1月11日，「英國廣播公司」播出電視專輯：「李博士的昆蟲世界」（The Insect World of Dr. Lee），英國觀眾紛紛來函，國內報章雜誌爭相報導。夏天，開始研究狩獵蜂。

⑤英國電視觀眾們的熱情來函。
⑥李淳陽研究狩獵蜂時的裝備：左胸有哨子，腰間有碼表，左褲袋內有手電筒。
⑦對狩獵蜂做實驗的觀察記事本。
⑧李淳陽和太太領取「國際電影節」專業組首獎，右為大會主席。
⑨ ⑩《史密森尼》雜誌專題報導李淳陽。封面亦為李淳陽的攝影作品。

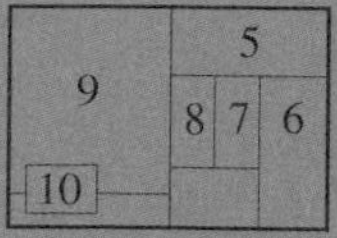

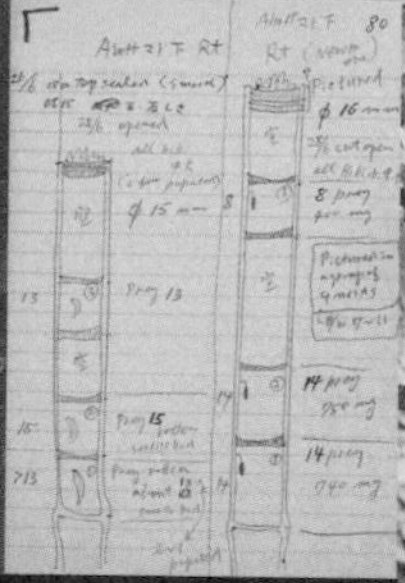

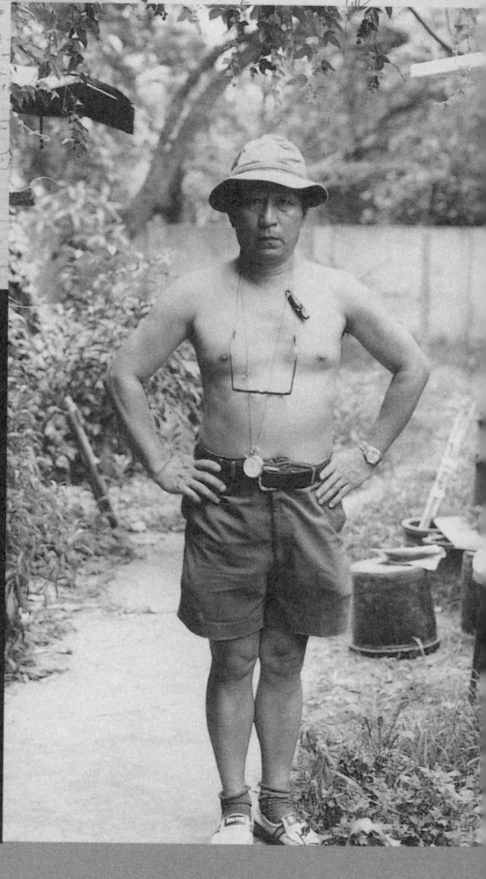

1977 9月，李淳陽的昆蟲影片“The Hidden Events”獲得美國攝影協會第48屆「國際電影節」專業組首獎。11月，美國《史密森尼》(Smithsonian) 雜誌以封面故事刊出李淳陽專訪。

1978 1月，與美國「巴倫教育書刊」出版社(Barron's Educational Series)簽約出書。

1979《讀者文摘》各語文版轉載《史密森尼》(Smithsonian) 雜誌之報導。7月，新聞局「李淳陽的昆蟲世界」影片獲得「亞洲影展最佳自然界紀錄片獎」、西雅圖第二屆「國際黑鯨影展」佳作獎。

November 1977
Smithsonian
By Timothy Green
A man's obsession
reveals the riches
of a hidden world

8 夕照下的絢爛人生

①《昆蟲世界奇觀》書影及內頁。
②今日李淳陽。（林義成攝）
③「視群」工作小組在翠峰記錄李淳陽（右）觀察昆蟲的畫面。（吳泰維攝）
④在工作室中苦思新作品的李淳陽。（莊展鵬攝）
⑤「李淳陽牌」（Leehof）寬幅相機，機身是他自己設計、用木材磨製而成的。右為可變換鏡頭。
⑥李淳陽為克服眼疾限制，自己設計用來寫作的「盲作家格版」。

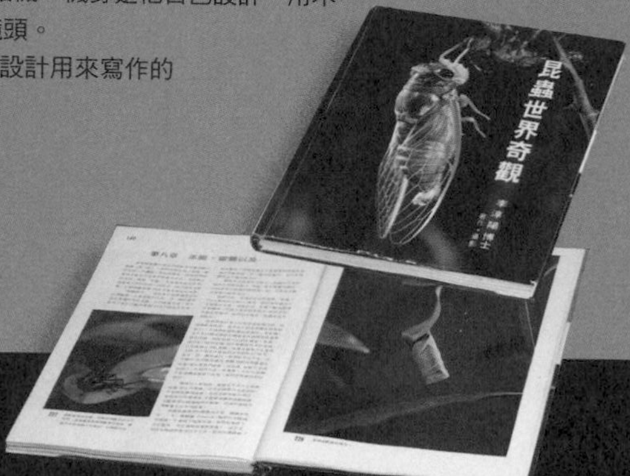

1981　10月，《昆蟲世界奇觀》（白雲文化事業公司）出版。
1985　6月，自農試所退休。移民美國。
1987　8月，回到台灣，定居內湖。
1997　8月，《大地地理雜誌》刊出李淳陽專訪：〈蟲心．我心〉。
1998　3月，將昆蟲影片重新編成三集。
2000　40月，廣電基金會監製，視群傳播公司所完成的「甲子記事'99——李淳陽記事」影片於華視播出。
2003　4至11月，《攝影網路》雜誌連載〈我的攝影武者修行〉。
2005　4月，新書《李淳陽昆蟲記》與同名生態影片同步出版。

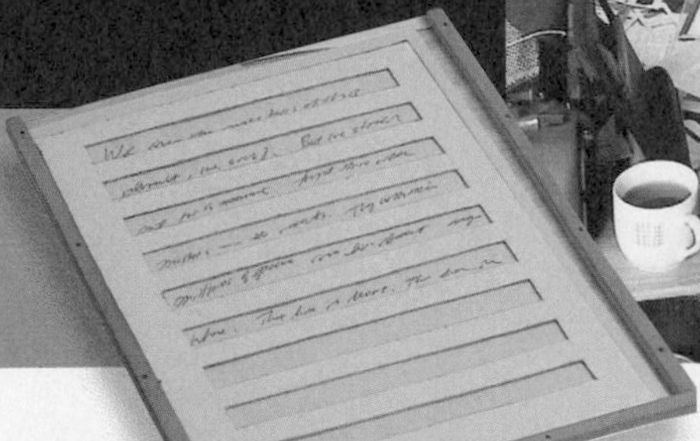

參考資料

一、書籍：

◎《昆蟲世界奇觀》：李淳陽著，白雲文化事業公司，民國七十年。

◎《昆蟲圖鑑》：張永仁著，遠流出版公司，民國八十七年。

◎《昆蟲圖鑑2》：張永仁著，遠流出版公司，民國九十年。

◎《法布爾昆蟲記全集》：法布爾著，中譯本，遠流出版公司，民國九十一年。

◎《李淳陽昆蟲記》：李淳陽著，遠流出版公司，民國九十四年。

二、雜誌：

◎《經濟昆蟲學期刊》（Journal of Economic Entomology），47：1，54：4，55：6，58：2，59：5。

◎《史密森尼》（Smithsonian）雜誌，西元一九七七年十一月。

◎《遠景》（Vista），西元一九七七年一月。

◎《台北攝影》，民國六十六年十一月。

◎《讀者文摘》，中文版，民國六十八年七月。

◎《科學》月刊，71：2。

◎《影響》電影季刊，15期。

◎《自然》雜誌，1：1。

◎《農業》週刊，8：31。

◎《時報》週刊，146期。

◎《大地地理雜誌》，民國八十六年八月。

◎《攝影網路》雜誌，民國九十二年四至十一月。

三、報紙：

◎大華晚報：民國六十五年六月八日。

◎聯合報：民國六十五年十二月四日。

◎中央日報：民國六十六年十一月十日。

◎台灣新生報：民國六十八年五月十七日。

◎聯合報：民國六十八年七月二日、七日。

四、影片：

◎「李博士的昆蟲世界」（The Insect World of Dr. Lee）：英國廣播公司（BBC），西元一九七六年一月。

◎「李淳陽的昆蟲世界」：新聞局，光華影片資料供應社，民國六十六年。

◎「甲子記事'99——李淳陽記事」，廣電基金會監製，視群傳播公司製作。民國八十八年。

◎「李淳陽昆蟲記」生態影片：李淳陽製作，遠流出版公司發行，民國九十四年。

國家圖書館出版品預行編目資料

昆蟲知己李淳陽／莊展鵬著. -- 二版. -- 台北市：遠流，2011.01

面；　公分. --（新台灣史記）

參考書目：面

ISBN 978-957-32-6728-7（平裝）

1. 李淳陽　2. 台灣傳記　3. 昆蟲

783.3886　　99021622

新台灣史記 3

昆蟲知己李淳陽

莊展鵬——著　李淳陽——圖片提供

主編——黃靜宜　編輯——洪致芬

美術行政統籌——陳春惠

封面•版型設計——唐壽南

發行人——王榮文

出版發行——遠流出版事業股份有限公司　台北市南昌路二段八十一號六樓

郵撥：0189456-1　電話：（02）2392-6899　傳真：（02）2392-6658

著作權顧問——蕭雄淋律師

法律顧問——董安丹律師

輸出印刷——中原造像股份有限公司

初版一刷——二〇〇五年三月三十一日

二版一刷——二〇一一年一月一日

行政院新聞局局版臺業字第1295號

定價 280 元　缺頁或破損的書，請寄回更換

ISBN 978-957-32-6728-7

http: // www.ylib.com　E-mail:ylib@ylib.com